QUE SE PASSERA-T-IL EN 2024 ?

ISBN : 978-2-36188-705-6

www.editions-tredaniel.com
info@guytredaniel.fr
www.facebook.com/tredanieleso
@tredaniel_eso

CLAUDE ALEXIS

QUE SE PASSERA-T-IL EN 2024 ?

VOYANCE
NUMÉROLOGIE
MÉDIUMNITÉ & ASTROLOGIE

Avec la collaboration de Monique Delanoue-Paynot

ÉDITIONS
EXERGUE

27, rue des Grands-Augustins
75006 Paris

NOTE DE L'ÉDITEUR

Toutes les prédictions de cet ouvrage,
y compris les prédictions astrologiques,
ont été retranscrites à partir du ressenti du voyant,
et non sur l'étude classique des astres et des planètes.

PRÉAMBULE

Je veux rester le voyant de tout le monde.

Je ne suis pas le voyant des stars ou la star des voyants, comme certains peuvent se nommer. Un voyant doit rester humble, simple, et le voyant de tous, pas le voyant d'une seule catégorie de gens.

Chaque personne qui me consulte reste une star à mes yeux, et a droit au même respect que celui ou celle qui se trouve dans la lumière.

Depuis presque quarante ans, j'exerce le plus beau métier du monde !

Je travaille avec mon seul jeu de cartes personnel.

Lorsqu'une personne s'assied face à moi, je lui demande son prénom et sa date de naissance. Puis je me mets à écrire, et les images affluent. Je vois le passé, l'avenir et le futur des gens.

Une consultation est comme une histoire d'amour entre deux êtres.

Je ne me force jamais. Si j'apporte un peu d'espoir à quelqu'un, j'en suis heureux. Mais, attention, on ne peut pas modifier la vie des consultants par un coup de baguette magique.

Je prédis les événements d'une façon simple et sans détour, mais chacun doit rester maître et acteur de sa propre destinée.

Avec toute ma sympathie.

Claude Alexis

INTRODUCTION

Je vous propose de découvrir mes grandes prédictions pour l'année 2024 !
Encore une fois, et comme je le répète chaque année avant de passer à l'année nouvelle, au soir du 31 décembre, la même question revient sur toutes les lèvres : qu'est-ce qui nous attend à l'aube de l'année à venir ?

En me penchant sur l'astrologie, afin d'affiner les dates et de mettre une limite à mes « fulgurances », je vous livre, signe par signe, et dans tous les domaines de la vie, mes prédictions uniques, exclusives et personnelles. Avec un regard distancié, mais toujours positif et ouvert aux mystères de l'irrationnel. C'est l'ultime bouclier face à une actualité qui ne cultive pas, hélas, que la déclinaison du bonheur.
En 2023, nous avons vécu moult drames et catastrophes en tous genres : de l'évolution d'une pandémie, qui nous a privés de bien des libertés, à une guerre meurtrière aux frontières de l'Europe. Face à un combat sanitaire rude et difficile et à une guerre opposant l'Ukraine et la Russie, au retentissement fort, angoissant et douloureux à l'échelle mondiale, notre souhait n'est-il pas de nous tourner vers les astres et la voyance, afin d'être rassurés, à l'aube d'un futur planétaire si obscur et si fragile ?

Ma priorité ? Mettre à l'honneur les arts divinatoires. Les honorer, et veiller à m'entourer d'intervenants de qualité tels que voyants, voyantes, médiums purs, mais aussi astrologues, tarologues, numérologues et spécialistes du bien-être et du « bien-transmettre ».
Mon objectif ? Conjuguer mon don de naissance à une intelligence intuitive et de proximité. Accompagnés de bienveillance constante au profit des êtres sensibles et des plus démunis.
Ma devise ? Accorder, sans compter et avec générosité, mon temps à ceux qui m'entourent : hommes, femmes, parents, amis, famille, consultants. Sans oublier les animaux que j'aime à défendre et à protéger.

Alors... que sera l'année 2024 ?
Que va-t-il se passer en France et à l'étranger ?
Que ce soit dans les domaines de l'économie, de la politique, de l'environnement ou du show-business, des grandes catastrophes naturelles aux inondations, en passant par les tremblements de terre, à quoi doit-on s'attendre ?
Comment pourra-t-on désormais voyager, rire, sortir et prendre du plaisir ?
Et, pour les grands de ce monde, que se passera-t-il au royaume des personnalités en mal de mariages, de naissances, de ruptures ou de divorces ?

Cette année 2024 sera-t-elle différente de 2023 ?
Pour tous les signes (de feu, de terre, d'eau et d'air), et selon les planètes en position dans votre ciel astral, comment allez-vous vivre cette nouvelle année pleine de projets, d'apaisement et de rêves ?

Que vous soyez des **Taureau** obstinés, épris de biens raffinés ; des **Gémeaux** prompts à la communication et aux échanges ;

des **Cancer** rêveurs et grands voyageurs ; des **Bélier** entrepreneurs et chefs d'équipe ; des **Sagittaire** en quête d'évasion ; d'indépendants **Verseau** aventureux ; de gentils **Lion** ambitieux et protecteurs ; des **Poissons** sensibles et médiumniques ; de fiables **Capricorne** ; des **Vierge** folles ou sages ; enfin, d'ambitieux **Scorpion**, succédant dans la roue astrologique aux **Balance**, toujours en quête d'élégance et d'harmonie…

Mon conseil : pactisez avec les planètes !
Faites de chacune d'elles votre alliée de cette année à venir.
Soyez en confiance avec la voyance : je m'imprègne de votre futur à votre place.
Aussi, gardez près de vous ce livre précieux également pour votre entourage, votre famille et vos amis. Vérifiez la justesse de mes prédictions, en tenant compte des précieux conseils qui vous sont prodigués, afin de rendre votre vie plus belle et bien meilleure.
C'est ce que je vous souhaite du fond du cœur.

1

MES PRÉDICTIONS MONDIALES

Je tiens à préciser que ces prédictions ont été réalisées durant les mois de décembre 2022 à juin 2023. Certains événements prédits peuvent se dérouler sous une période allant de six mois à deux ans, voire trois ans, et même beaucoup plus... Car la voyance ne permet pas de stabiliser les flashs ressentis dans un temps précis. Que ce soit lié à la politique, aux personnalités, aux stars ou aux grands de ce monde, mon empathie à leur égard reste constante. Ce que je ressens et perçois n'est pas un jugement à leur endroit, seulement des visions sur un futur qui leur appartient, et qu'ils sont à même de modifier selon leurs actes et comportements.

POLITIQUE

EMMANUEL MACRON, LE PRÉSIDENT ÉLU PAR DÉFAUT, N'AURA PLUS AUCUNE AUTORITÉ SUR LE PEUPLE

Pour ce second mandat, j'avais annoncé, dans mes prédictions 2023 : « Attention, ce ne sera pas facile ! »
Durant sa campagne de 2022, **Emmanuel Macron** n'a pas été épargné par le peuple, qui ne lui attribuait plus aucune confiance tant son arrogance et son mépris étaient grands.
Ce même peuple le lui a bien rendu, en descendant dans la rue : 2023 l'a prouvé, 2024 le confirmera !
Le second quinquennat du président Emmanuel Macron continuera d'être cinglant, tant pour lui-même que pour le peuple français. Le soutien de son épouse, Brigitte Macron, se révélera très important. Non pas dans ses décisions, mais d'un point de vue moral, pour l'aider à tenir bon.

En 2024, le président Emmanuel Macron n'est plus dans le cœur des Français. Et pour cause : toutes les promesses faites

pendant sa campagne n'ont pas été tenues. Hormis des réformes faites « à l'arrache » et sans aucune concertation.
Ce sera la continuité d'un gouvernement de mensonges ! Et du déni de la réalité.
L'augmentation annoncée des **retraites** durant sa campagne sera encore repoussée. Le projet de loi pour **le pouvoir d'achat** – grande préoccupation des Français – tombera aux oubliettes, malgré des promesses de bons d'achat. Le peuple se moque des mesures quantifiées en milliards d'euros et censées atténuer les effets de l'inflation sur les ménages. D'autant que ces promesses n'en finiront pas d'être mises en place au ralenti. La misère va s'installer dans notre pays, la faim dans la rue. Et les revendications se traduiront en manifestations de colère tant le pouvoir d'achat ne cessera de diminuer.

Attention aux personnes âgées ! Elles seront, hélas, nombreuses à ne plus avoir les moyens de vivre, ou de survivre. À partir de la rentrée de septembre, la misère impactera notre pays, qui s'appauvrira de plus en plus. Celles et ceux qui auront à faire face à leurs dépenses du quotidien ainsi qu'au paiement de leur loyer ne pourront plus les assumer. On verra de la mendicité à tous les coins de rue, alors que les aides pour l'étranger se multiplieront, et que des milliards d'euros passeront les frontières pour une guerre qui n'en finit pas et qui n'est qu'une pure manipulation installée par l'OTAN et suivie par les pays de l'Europe à la solde d'un président américain, comme des « toutous ».

La solidarité ne sera plus au service de notre peuple. Nous serons témoins de drames affligeants, honteux et insupportables. Comme si nos anciens se laissaient mourir pour ne pas être une charge pour leur famille.
Faut-il en arriver à ce stade pour faire réagir nos politiques dans leurs palais dorés ? Non seulement ils gravitent dans un monde

à part, mais ils récidivent en affichant un esprit et des propos qui prouvent leur incompétence et leur refus de vivre dans la réalité, faisant semblant de ne pas la voir.

Élisabeth Borne, la Première ministre, qui n'aura montré aucune empathie pour le peuple, se sera révélée assujettie uniquement au rendement. Elle restera une personne de non-faire, hormis suivre son président, qui veut et continuera à avoir la main sur tout ! Remerciée, elle deviendra le Premier ministre le plus détesté et critiqué de la Ve République.
À l'instar de tous les ministres nommés dans un pseudo-remaniement. Je vois principalement les mêmes se maintenir à leur poste, ou en changer et n'être pas plus compétents pour redresser notre pays.
D'autant plus que certains ministres du gouvernement Macron se retrouveront devant la justice pour des conflits d'intérêts.

Nous allons être face à une attente de trois ans ! Avec un mandat où rien ne pourra se faire, hormis des manifestations à répétition, et de tous milieux confondus, mettant en scène la pauvreté, la faim, la rue, la police, la santé... Les fonctionnaires suivront le peuple, et ce gouvernement se retrouvera bien démuni : avec plus aucune autorité sur les instances judiciaires.
On assistera à la création de nouveaux mouvements, non politiques, qui feront énormément parler d'eux. Comme les « gilets jaunes », mais vêtus de noir. Ce sera dramatique, au niveau des agressions et de la casse. Ils s'en prendront à des monuments publics, à des lieux de culte. Je vois beaucoup de feu. Rien ne sera épargné. Comme en 2023 ! Mais 2024 sera pire.

On verra un peuple en état de contestation ! Qu'un parti politique soutiendra dans sa révolte.

Le président de la République n'aura plus le pouvoir, si ce n'est celui de la parole pour faire des annonces aux Français. Mais il ne sera pas écouté, et rien n'y fera. Il s'installera en 2024 dans la détestation, devenant le président le plus détesté de ces dernières décennies. Le peuple, dépité, dégoûté face aux annonces et promesses qui ne correspondront en rien aux engagements de son premier mandat, ne verra aucun changement durant ce second. Le président Macron sera hué lors de toutes ses sorties !

Les mouvements politiques se dresseront contre lui et demanderont sa démission.
Il sera cloîtré dans son bureau pendant un temps, ne sachant plus que faire. La surprise viendra d'un soutien de taille. Je pressens l'intervention d'un ancien chef d'État pour venir à son secours – il peut s'agir de Nicolas Sarkozy, qui œuvre dans l'ombre.
En 2024, la sécurité d'Emmanuel Macron devra se renforcer, car il sera menacé. Je le vois victime d'une agression lors de déplacements. Sa famille, qui n'a rien à voir avec son mandat, sera touchée aussi par des attaques – je ressens une maison familiale en feu !

*

LE GOUVERNEMENT DU PRÉSIDENT MACRON

Ayant fort à faire avec une crise économique de grande envergure, ni le président ni ses ministres ne pourront espérer retrouver la confiance des citoyens à leur égard.

La crise du Covid, mal gérée en France, a foudroyé l'économie et aura multiplié les pertes d'emplois – autant dans les petites que dans les moyennes entreprises. Beaucoup de fermetures au sein de diverses sociétés, en particulier dans le domaine du textile, sévèrement touché. De nombreuses enseignes existantes depuis des années mettront la clé sous la porte en 2024 : aucune aide, aucun recours ne leur sera apporté. À croire que ce gouvernement veut la mort de notre belle France. Et ce sera ainsi dans tous les secteurs ! Comme je l'avais prédit dans mon dernier livre de prédictions pour 2023, notre pays n'aura jamais enregistré autant de faillites et de dépôts de bilan, et autant de personnes au chômage qui auront perdu l'envie de reprendre une activité, de retourner travailler. Et, comme précédemment, les effets d'annonce de la baisse du chômage seront erronés. On balancera des chiffres complètement faux.

Je vois que la colère continuera à grandir de toutes parts.

Face aux aides prétendument versées, ou promises, aux soutiens non respectés, aux annonces de millions d'euros distribués pour calmer les révoltes, et qui se révèlent être des mensonges, notre pays deviendra l'un des pays les plus délaissés par son président et par son gouvernement.

Avec un sentiment d'abandon, chacun essaiera de se débrouiller comme il le pourra. Le peuple bloquera tous les paiements à l'Urssaf et aux impôts. Même sous la demande pressante du peuple, le gouvernement sera incapable de maintenir l'ordre dans le pays.

2024 verra une révolte du peuple, qui en a assez et se sent étouffé.

*

LE PEUPLE DANS LA RUE !

Le phénomène « gilets jaunes » reviendra sur le devant de la scène. Mais avec un autre mouvement qui va se créer.
Deux mouvements vont s'affronter, et se regrouper finalement. Ceux qui ont bloqué le pays par leur violence et leurs effets d'escalade répétitifs, et qui ont marqué les esprits par leur colère et leur rébellion, referont surface. Ils annonçaient ce qu'il se passera en 2024, et se passera sur les deux années à venir. À savoir : de la casse en bandes organisées, des destructions, des feux dans toutes les grandes villes, des lieux vandalisés, des vitrines de commerces et boutiques détruites, du pillage, du vandalisme. Ainsi que dans des lieux touristiques renommés et admirés par tous. Il y aura de la stupeur chez les étrangers venus du monde entier pour (re)découvrir la France et ses endroits mythiques entièrement détruits.
Le tourisme délaissera Paris.
Et les Jeux olympiques ne seront pas le succès tant attendu par les instances.
Des nations se désisteront et ne souhaiteront pas participer aux Jeux dans la Ville Lumière. Rien ne sera prêt. Attendons-nous encore à des accidents, et pas des moindres. Je ressens des blessés : les hôpitaux seront mobilisés, tout comme les pompiers.

2024 : année de folie ! Devant un tel chaos, une grande partie de la population française restera sans voix et fortement en colère.

En 2023, tout a été bloqué ; et ce sera à nouveau le cas en 2024 ! Transports en grève, routes bloquées, police réquisitionnée. L'armée devra intervenir en renfort. Ce sera peine perdue, la colère sera à son maximum, ce sera le chaos total.

Les banques seront touchées : certaines fusionneront. Et même si elles garderont leur enseigne, elles feront partie d'un groupe. Là encore, de nombreux licenciements auront lieu. On verra des agences en feu, qui feront de Paris un brasier, comme il ne le fut jamais ! Le peuple va se révolter, il en aura assez de subir. Dans toutes les grandes villes de France, on assistera à des manifestations. Des gens se mobiliseront par milliers, et personne ne pourra arrêter cette montée de révolte qui grondera de partout et explosera.

Je vois toujours un monument parisien important vandalisé ou saccagé. Il peut s'agir du Louvre. Et, malgré la sécurité dans ce musée, des œuvres seront détruites.
Une bonne nouvelle, malgré tout ! Notre-Dame rouvrira ses portes, mais elle sera complètement transformée, avec de la couleur blanche. Les gens seront heureux de cette réouverture, mais déçus de ce qui aura été fait à l'intérieur.

Les manifestants agiront de manière violente, et ils ne céderont pas. Le gouvernement se pliera aux exigences, et, cette fois, Emmanuel Macron ne pourra plus faire la sourde oreille, il devra faire face à ses responsabilités. Mais, encore une fois, son gouvernement sera incapable de gérer cette crise.

Le tourisme, en particulier, sera fortement touché, tant l'image de notre pays sera mise à mal dans les médias étrangers.

*

EMMANUEL MACRON : L'ÉCHEC TOTAL

Mal assisté, mal entouré, le gouvernement de ce président n'aura pas su se mobiliser efficacement. De tous ses ministres, aucun ne sera capable de lui venir en aide, aucun n'aura eu l'envergure de tenir le cap.
Hormis, comme toujours, à coups d'effets d'annonce pour faire peur au peuple en les menaçant de sanctions.
Mais en 2024, le peuple n'aura plus peur de rien.

Le ministre Gérald Darmanin ne restera pas en poste.
Il n'aura d'autre choix que de démissionner, à la suite de problèmes qui feront scandale. L'ingérence et ses mensonges sur certains dossiers sensibles vont le rattraper. Une personne du ministère qu'il dirige va faire exploser le scandale et mettre aussi à mal sa ministre déléguée. Il devra se mettre en retrait de la vie politique à la suite d'une procédure et de son incapacité à gérer tout ce qu'il se passe en France, tant le peuple sera révolté.
Je vois, hélas, de nombreux morts par balles et par armes blanches dans toutes les villes de France. Et je ressens une voiture venir percuter la foule sur les Champs-Élysées – il y aura de nombreux blessés.

Un nouveau ministre de l'Intérieur sera nommé.
La police manifestera et descendra dans la rue. Pire encore ! Les attaques à répétition, la violence contre des policiers – malmenés et attaqués par des citoyens de plus en plus jeunes – ne seront plus acceptées. Beaucoup de membres de la police, hommes et femmes confondus, seront ulcérés de constater que leur travail n'est pas reconnu.

Idem pour le monde médical. Les engagements de l'État n'étant pas tenus, les corporations des médecins et infirmières se ligueront et feront connaître leur mécontentement au gré de diverses manifestations.

Comme je l'ai évoqué plus haut dans mon livre, le bilan concernant notre Première ministre, Élisabeth Borne, sera catastrophique! Elle sera remerciée, avant la fin de son mandat, par Emmanuel Macron.
Malgré tous ses efforts, elle n'aura pas été respectée. De tous les côtés, on lui aura coupé l'herbe sous le pied. Elle n'aura été qu'un pion déplacé pour faire ce qu'on lui dit. Aucun pouvoir de décision! Le peuple la verra partir de Matignon. Et, malgré l'estime que certains lui portent, elle se retrouvera face au mépris et à l'indifférence.

Éric Dupond-Moretti, après un premier mandat au ministère de la Justice, pourrait claquer la porte au cours de l'année. Attention: il pourrait avoir quelques soucis avec la justice et suite à la mise au jour de conflits d'intérêts. Des procédures seront étouffées, mais il devra faire face à certaines autres qui verront le jour en 2024: des dossiers seront mis sur la Toile, après une enquête de journalistes.

En résumé, on assistera à de plus en plus de discorde au sein des ministères, et notamment *entre* les différents ministres.

*

CONFLITS ET DÉSACCORDS

Des commissions d'enquête visant le ministère de l'Économie et des Finances engendreront des soucis à celui qui le dirige, **Bruno Le Maire**. Il sera rattrapé par la justice, du fait de son appartenance à un ancien parti politique. Une affaire sera dévoilée, en rapport avec un membre de sa famille ; et l'on pourrait assister à une affaire Fillon. Un journal fera des révélations qui ne seront pas sans conséquences pour lui.
Le jeune **Gabriel Attal**, ministre de l'Éducation nationale, malgré ses annonces et ses envies, redescendra vite de son trône. Il n'aura pas les moyens de ses ambitions. Il pense être important au sein de ce gouvernement, mais c'est la copie de notre président : sans foi ni loi, sans aucune compassion pour qui que ce soit. C'est Monsieur « Je, je, je... », et il reste le protégé du président.

Du côté du ministère de la Santé, ce sera le fiasco ! Il se mettra le monde médical à dos, entraînant des grèves à répétition. Je vois toujours la rue occupée par un peuple mécontent. La crise sanitaire liée au Covid refera surface, c'est loin d'être terminé. Et tout ne sera encore que mensonges pour calmer le peuple et éviter les débordements ; mais rien n'y fera !

Le ministre de l'Agriculture, mis à mal, ne restera pas à ce ministère. Et la montée croissante de grande colère chez les agriculteurs ne sera pas près de s'éteindre.

*

En 2024, Nicolas Sarkozy aura un rôle important à jouer dans la politique française, par ses conseils judicieux au président élu. L'homme surprendra, encore et toujours, le monde politique. Malgré certaines affaires judiciaires en cours, il fera appel d'une décision et finira par être blanchi. Et, malgré les affaires douteuses dont on l'accuse et les condamnations qu'on lui prévoit à répétition, il en sortira la tête haute !

Je maintiens que Rachida Dati reviendra sur la scène politique avec d'autres fonctions. Elle restera avec succès maire du 7e arrondissement de la capitale, mais elle envisage de se représenter à la mairie de Paris en 2026.
Alors qu'Anne Hidalgo ne sera pas reconduite à cette fonction de maire de la Ville Lumière qu'elle aura si mal gérée. Un scandale sur ses dépenses personnelles est à venir. En particulier, un scandale lié aux véhicules électriques : un parc-cimetière sera découvert, avec la révélation d'une société qui a été réglée à coups de millions d'euros, alors que cette société n'était plus en activité. Le pot aux roses sera découvert : l'occupation de bureaux avec des gens payés à ne rien faire.

Pour Marine Le Pen, ce sera encore une année difficile à vivre ! Elle ne baissera pas la garde et ira au combat avec courage. Comme je l'avais annoncé pour 2023, elle a transmis la présidence de son parti au nouveau candidat prometteur de son mouvement : **Jordan Bardella**.
Entre justice et deuil familial, elle se relèvera de tout et gardera la fierté et la combativité qui la caractérisent. Pour revenir en force lors d'une élection !

L'homme fort du Rassemblement national sera donc Jordan Bardella.

Et voilà Marion Maréchal, la plus jeune de la famille Le Pen, qui revient avec fracas sur le devant de la scène politique. Je ressens toujours son désir de créer un parti politique avec des personnes de droite, mais ce ne sera pas gagné. Hormis son retour, elle n'obtient aucun mandat, et le rapprochement effectué avec **Éric Zemmour** sera de courte durée, même si elle est vice-présidente de son parti, Reconquête. Un scandale financier sera mis sur la place publique. La bataille sera rude. Les désaccords feront des étincelles avec d'autres membres du parti Reconquête. **Le ralliement de Marion Maréchal à Éric Zemmour ne durera pas.** Le parti créé par celui-ci fondra comme neige au soleil, il ne trouvera pas son électorat, ou si peu.

François Hollande devra être prudent quant à sa santé.

Édouard Philippe continuera à préparer son mouvement politique en vue de la future élection présidentielle de 2027. Il sera de plus en plus présent dans les médias.

*

ATTENTION, PRUDENCE !

Pour Lionel Jospin, Daniel Cohn-Bendit, Élisabeth Guigou, Patrick Balkany, Édouard Balladur, Gérard Collomb, Dominique Strauss-Kahn, Bernadette Chirac et Brigitte Macron qui pourrait être hospitalisée, Jean-Pierre Elkabbach, Michèle Cotta, Bernard Kouchner et le président du Sénat, Gérard Larcher.

Et côté personnalités : Line Renaud, Mimi Mathy, Alain Delon, Renaud, Michel Drucker, Adamo, Enrico Macias, Nicole Croisille, François Valéry, Hugues Aufray, Bruno Masure ; ainsi que d'autres journalistes qui, hélas, quitteront ce monde.

Et, comme chaque année, le monde du show-business sera en deuil.

MÉDIAS

EN 2024 : LIMOGEAGES ET LICENCIEMENTS DANS LE MONDE DE L'AUDIOVISUEL ET DE LA PRESSE ÉCRITE

Changement à la présidence de France Télévisions !
Delphine Ernotte, P.-D.G. du groupe, ne finira pas son mandat. Certaines chaînes fermeront leurs portes, et il y aura de gros licenciements. Et un plan social.

TF1 nommera un nouveau président.
Un grand remaniement se mettra en place sur la chaîne. Il peut, par ailleurs, y avoir une fusion des chaînes de la TNT, et des fermetures de chaînes du groupe.

Des animateurs annoncent leur départ.
La presse révélera des tractations financières à propos d'un animateur de TF1 présentant un jeu d'aventures. Le scandale concernera les largesses qu'il a obtenues financièrement, avec la complicité de l'un des dirigeants. Ce déballage le mettra à mal, et son public tombera de haut.

Aux commandes du *Journal de 13 heures*, un nouveau journaliste arrive, ainsi qu'un autre pour le week-end.

*

NEWS, NEWS...

La nouvelle génération d'animateurs s'impose !

Camille Combal s'affirme comme l'animateur phare de TF1. On le verra sur de nouveaux programmes et sur trois émissions différentes, dès la rentrée. Il continue son ascension.

Nikos Aliagas sera aux commandes et à la reprise d'anciens programmes, qui n'obtiendront pas le succès attendu. Il prendra, malgré tout, du recul sur certains programmes pour se consacrer à sa passion : la photo ! Il fera de nombreuses expositions.

Sophie Davant reviendra sur un programme assez surprenant, et sur lequel personne ne l'attend.
Et surtout sur une autre chaîne que France 2 ! À la radio également, aux côtés de son amoureux : William Leymergie. Je vois aussi l'écriture d'un nouveau livre à paraître.

Miss Univers 2016, **Iris Mittenaere**, sera bien sur un nouveau programme d'aventures et, dans le temps, sur une présentation des Miss France. En outre, elle fera partie d'un casting pour un rôle au cinéma.
Quant à **Jean-Pierre Foucault**, il tire sa révérence. Les miss défileront sans lui ! La révolution de l'élection des Miss France sera l'œuvre de la nouvelle directrice **– Alexia Laroche-Joubert** – qui consacrera un numéro **« Spécial Miss France » en l'honneur de Madame Geneviève de Fontenay.**

Par ailleurs, une téléréalité verra le jour avec des miss!
La même Alexia Laroche-Joubert, directrice de production, reviendra en force, avec de nouveaux programmes de téléréalité sur plusieurs chaînes.
Un projet avec cette productrice verra le jour sur M6 et sur TF1.

Le succès de la belle Karine Le Marchand, en tant que présentatrice et animatrice télé au sein de divers programmes, continuera. Elle sortira un livre sur le bien-être et le sport. Et elle s'affichera comme égérie d'une chaîne de salles de sport. Enfin, en 2024, elle présentera le nouvel homme de sa vie.

DIVERS

UNE GRAVE CRISE ÉCONOMIQUE

La France en danger! Les prix continueront à la hausse, avec une augmentation de 10 % à 15 % de l'inflation. Les Français seront encore plus confrontés à cette crise économique, déjà présente en 2023. De plus en plus d'aides seront demandées au gouvernement, qui ne répondra pas aux attentes.

Comme je l'avais annoncé dans mon précédent livre de prédictions, les parents seront fortement touchées par le coût de la scolarité et des cantines. Des cantines se videront, tant les prix demandés seront élevés; et nos enfants repartiront comme autrefois avec le sac et la nourriture « maison ».

Enfin, les nouvelles lois tant attendues pour stopper la délinquance des mineurs seront mises en place! On verra un changement d'âge au niveau des condamnations, face à des jeunes de plus en plus violents auprès de la population, avec des agressions à répétition à l'arme blanche.

La ville de Marseille sera encore marquée par des règlements de comptes par les armes. Et par le fléau de la drogue, qui sera

encore plus d'actualité – avec des saisies records –, en provenance de la mer par bateaux.
Les villes et communes de la banlieue parisienne connaîtront beaucoup de violence.

De plus en plus de camps de rue verront le jour dans les villes. Les personnes seront démunies et ne pourront plus régler leurs loyers. Beaucoup seront amenés à habiter en colocation pour pouvoir survivre et avoir un toit sur la tête.

En 2024, nous serons dans une France de chaos, qui va durer au moins tout au long de ce second quinquennat, où rien ne sera fait pour améliorer le quotidien et la vie des millions d'habitants – si ce n'est des promesses de millions d'euros qui n'arriveront jamais. Notre pays sera l'un des pays les plus endettés, avec cette génération qui nous gouverne. **Et le prochain président de la République prendra en main une France chaotique, avec des caisses publiques vides pour gérer un pays en souffrance.**

DU FEU ET DE LA VIOLENCE

Je vois des lieux de culte en flammes dans plusieurs grandes villes: des églises, des cathédrales, des synagogues, des mosquées.

Je ressens le feu partout!
Le sang coulera encore dans plusieurs grandes villes de France, mises à mal par une jeunesse révolutionnaire et incendiaire.
Les écoles ne seront pas épargnées. Ni les prisons: il y aura de nombreux blessés, aussi bien dans le personnel pénitentiaire que parmi les détenus.
Je vois le feu lié à des accidents et à des mouvements de foule... dans un **accident maritime** et dans un **aéroport français**. Dans un **grand hôtel parisien** et dans des **hôtels de province**. Et aussi

dans des lieux insalubres, des immeubles vont s'effondrer, avec des conséquences dramatiques pour les habitants.

La violence sera, hélas, toujours d'actualité en France.
Des attentats par voitures piégées qui exploseront dans des lieux publics.
Les braquages de magasins seront de plus en plus nombreux.
Des explosions perturberont des régions… **Je ressens un danger lié à des cuves à gaz dans le Sud de la France.** Une commune sera complètement évacuée.

Nous assisterons aussi à une France dans le noir, par suite de coupures d'électricité. Celles-ci feront de gros dégâts, aussi bien auprès des particuliers que des professionnels, et provoqueront la perte de nombreuses données qui seront irrécupérables dans les administrations.
Comme une espèce de **cyberattaque**, au niveau national.

DE SCANDALES EN DÉNONCIATIONS

De sombres affaires seront mises au grand jour. En particulier, des affaires de pédophilie qui seront encore révélées en 2024, et qui surprendront par les personnes concernées.
Le monde des médias, de la politique et des hommes d'affaires influents sera gravement mis en cause.

Les mouvements féministes, comme ceux de la protection de l'enfance, monteront au créneau et se feront entendre.
Des personnalités du showbiz soutiendront ces causes avec force et véhémence.

À L'ÉTRANGER

GUERRES DU POUVOIR ET DE L'ARGENT

La guerre entre l'Ukraine et la Russie n'a pas fini de faire parler, au niveau planétaire !
Pour que le calme revienne en Ukraine, il faudra patienter encore au moins une année... Mais au prix de combien de vies ?
Tant le président Zelensky exerce un plein pouvoir sur son pays. Borné et têtu, il ne veut pas céder !
Cette guerre n'a surtout pas fini de faire parler, car je vois ce président jugé dans un temps futur pour des affaires qui laisseront tous les pays d'Europe surpris. Le sentiment d'avoir été manipulés par un seul homme créera le scandale.
Avec la révélation au monde entier d'affaires scabreuses.
L'argent en sera la cause : je ressens que cet homme se sera servi pour lui et pour sa famille, entre autres. On l'accusera de biens achetés en France au nom de ses proches. Ainsi, ayant demandé de l'aide à tous les pays, **Volodymyr Zelensky** se serait servi grandement à titre personnel, et devrait finir devant la justice internationale. Le scandale sera révélé par une enquête

de journalisme et par des hommes d'État de plusieurs pays qui demanderont des comptes.

Vladimir Poutine reste au pouvoir, malgré toutes les rumeurs annonçant son décès. Ces fausses informations seront démenties, même si celui-ci pourra être hospitalisé. Je ressens un lieu médical suisse.
Le président russe n'a pas dit son dernier mot ! Tous les pays européens qui l'auront rejeté feront marche arrière, et il sera en position de force.

Je vois toujours la mise en place d'une présidence des présidents de l'Europe ! D'ici une dizaine d'années, je le redis et le maintiens, certains États vont bel et bien reprendre leur monnaie d'origine.
Plusieurs pays continueront à vouloir sortir de l'Europe : des pays du Nord comme du Sud... D'autres voudront toujours y entrer, mais cela deviendra de plus en plus compliqué, à cause d'une ingérence toujours plus prégnante de l'Union européenne dans la gouvernance de ses pays membres.

NEWS, NEWS...

L'Asie continuera à s'implanter de plus en plus en France. Mais attention à un conflit entre plusieurs pays d'Asie. Deux pays entreront en guerre.

Le Japon va perdre un empereur qui aura régné trente ans et abdiqué pour son fils.

MOYEN-ORIENT

Le Liban connaîtra toujours des problèmes importants. Le peuple se révoltera, et l'armée française interviendra.

Tous les pays du Moyen-Orient et de l'Orient sont entrés dans cette nouvelle ère où l'islam revient en force dans les gouvernements. Je ne vois toujours pas de guerre qui se termine ; malgré une période de calme, les combats avec les armes continuent.

La Syrie, la Lybie, l'Afghanistan seront toujours en guerre. Il est dommage de constater que toutes les aides se concentrent pour un pays de l'Est, et que personne dans les médias ne parle de ces pays durement touchés.
Bachar el-Assad revient sur le devant de la scène politique.

MAROC

La royauté sera endeuillée, et je vois un peuple entier qui pleure. Un livre sortira sur le royaume, qui fera scandale
Le fils du roi, Moulay el-Hassan, de plus en plus présent sur le devant de la scène, sera l'un des plus jeunes rois en exercice. Sa mère, la princesse Lalla Salma, jouera un rôle important aux côtés de son fils.

Un attentat se déroulera dans une grande ville ! Il peut s'agir d'un aéroport, ou des abords d'un aéroport.

ÉTATS-UNIS

Le président **Joe Biden** devra surveiller sa santé ! Une hospitalisation est à prévoir ; et la vice-présidente prendra le pouvoir un temps.
Et même s'il pense à un second mandat, il ne pourra y arriver.

Donald Trump sera mis à mal par la justice ! Pour lui et sa famille, cela continuera.
Concernant les affaires de justice en cours, il sera condamné, même s'il espère une nouvelle élection présidentielle.
Mais il ne sera pas réélu.

Le décès d'un ancien président américain, qui était aimé de son peuple malgré ses déboires judiciaires avec une jeune femme, surprendra l'Amérique et le monde politique international.

ENVIRONNEMENT

DE L'EAU ET DU FEU !

Des inondations incontrôlables et des incendies géants auront lieu en plusieurs endroits de la planète.

L'Inde, l'Asie et les pays latins seront touchés par l'eau et la boue, entraînant de nombreuses victimes parmi les populations concernées.

En France, plusieurs régions seront touchées, et en particulier le Sud et l'Est, mais aussi le Nord. Beaucoup d'endroits à risques seront envahis par l'eau et la boue !

La France soutiendra la mise en place de solutions et de remèdes permettant de limiter la surconsommation qui crée le dérèglement climatique ! Des mesures énergiques aboutiront pour faire baisser la production et la consommation de produits d'origine animale.

Heureusement, la pollution continuera de préoccuper les chefs d'État de tous les pays. Avec la mise en avant de l'effet de serre et de la piètre qualité de l'air que nous respirons. Mais ils feront peu – ou tout du moins pas assez – pour changer la situation.

J'insiste sur le fait que nous assistons de plus en plus à la fin d'un monde ! Parce que les catastrophes naturelles resteront, hélas, d'actualité. Il est clair qu'elles représentent des avertissements pour nous tous ; trop avides que nous sommes de consommer sans nous préoccuper des conséquences planétaires. Des signaux d'alerte nous sont envoyés, ce sont des messages concrets, afin que nous changions nos habitudes délétères pour notre planète et notre ciel.

En 2024, ce sera encore difficile.
À l'horizon 2025-2026 seulement, nous serons à l'aube d'un monde meilleur.

SANTÉ

DES VARIANTS, DES SCANDALES ET DES AVANCÉES

Je vois un scandale sanitaire dans une grande enseigne de fast-food concernant la viande !
De grandes enseignes de l'alimentaire fermeront leurs portes, les centres commerciaux seront de plus en plus désertés.

En ce qui concerne le Covid-19, je continue de l'affirmer : c'est loin d'être terminé ! Mais il sera appelé différemment. Ce virus commencera à sévir à l'étranger : l'Afrique, l'Asie et l'Inde seront fortement touchées.
J'avais prédit qu'il y aurait un vaccin après de gros conflits entre les pays, car c'était à celui qui le sortirait le premier ! Je maintiens qu'il faudra encore attendre des essais, et au moins deux ans, pour avoir un vaccin fiable, car le premier vaccin a calmé le jeu, mais il n'aura aucune efficacité.

Tout cela ne sera évidemment qu'une guerre financière. De nombreuses écoles seront touchées, et les hôpitaux se préparent aux vagues successives afin d'accueillir malades et enfants.

Les variants se succéderont et affoleront les pays. Avec le retour du Covid, des frontières seront fermées.

Un second virus verra le jour, qui sera aussi important que le Covid.
Un variant venant de pays étrangers. Mais avec une apparence de varicelle sur la peau, mais plus voyante, sur tout le corps.

Heureusement, il y aura toujours des avancées spectaculaires en ce qui concerne le sida. Du côté des vaccins et des patchs !

Et de considérables progrès seront faits en ce qui concerne le cancer. La forme des traitements évoluera favorablement.

DRAMES

D'ACCIDENTS EN TRAGÉDIES

Des catastrophes liées aux transports endeuilleront la planète. Des catastrophes aériennes, maritimes et ferroviaires, avec de nombreux passagers.
La disparition d'une personnalité marquera le monde.
Je vois toujours ce crash d'avion transportant des personnes politiques ou appartenant à une royauté. Cela aura un retentissement considérable.

Et toujours la vision d'un lieu public qui brûle dans la capitale ! Un hôtel de luxe en feu, en plein cœur de Paris. Plusieurs des feux qui se déclencheront dans Paris seront des actions volontaires et criminelles.

Le métro parisien connaîtra un accident d'une rame qui sera en feu. Ce qui entraînera des risques sur les passagers qui seront coincés sur une ligne très fréquentée.

La SNCF verra l'un de ses trains dérailler sur une ligne de province, provoquant de gros dégâts.

À Dubaï, une tour s'effondrera en plein centre-ville.

MONARCHIE

EN ANGLETERRE

Un quatrième enfant pour le prince William d'Angleterre et son épouse, Kate ! Comme je l'ai déjà prédit, la descendance est assurée au trône d'Angleterre avec George, Charlotte et Louis, mais la famille va s'agrandir.

Le **prince George de Cambridge** – deuxième dans l'ordre de succession au trône britannique après son père, William – continuera à tenir la vedette par sa maturité et son aptitude aux responsabilités, qui déjà pèsent sur ses jeunes épaules, et par sa capacité à savoir comprendre et intégrer les règles protocolaires que la monarchie lui enseigne.
La princesse Charlotte accentuera sa ressemblance physique avec sa grand-mère, feu la reine Élisabeth II. Quant à son petit frère, Louis, ses facéties, son caractère joyeux et entier et ses pitreries amuseront avec bienveillance le peuple anglais.

Le roi Charles III, qui a pris les rênes de l'Angleterre avec brio, élégance et détermination, ne régnera que peu de temps.
Son épouse, Camilla, qu'il a élevée au rang de reine consort, sera hospitalisée, tout comme le roi, à la suite d'un malaise.

Il pourrait y avoir une abdication, pour donner **le trône à William, qui formera avec Kate Middleton un couple royal**. Kate, assurant brillamment son rôle de princesse comme elle le fait déjà, sera, aux côtés de William, l'épouse parfaite. Ils seront plus présents sur la scène médiatique que le roi et son épouse. Je vois toujours ce couple très uni, prenant soin de bien installer sa romance dans la longévité. Et surtout faire fi des rumeurs qui pourraient vouloir ternir leur bonheur.

Leur devise : « Savoir toujours faire face, et surmonter les obstacles. »
À l'image de leur défunte grand-mère : « *No complain, no explain.* »

J'avais annoncé, dans mes récentes prédictions, que **le prince Harry**, qui s'est marié avec une personne surprenante pour son entourage et pour le monde entier, aurait, avec son épouse, **Meghan Markle**, un second bébé.
Lilibet est donc venue rejoindre les jeux d'enfants d'**Archie**, le premier-né du couple qui a quitté la monarchie pour s'installer aux États-Unis, en Californie.

Le couple occupera encore la scène médiatique par de l'audio-visuel en 2024 !
Leur série basée sur leurs coups d'éclat – *Harry & Meghan* – vivra de nouveaux rebondissements, qui seront mal vécus par la monarchie britannique.

Mis à mal pendant un temps par des rumeurs de séparation, **il n'empêche que, en grande pompe médiatique, le couple fera son retour dans la monarchie à Londres**. Harry se rendra compte de ses erreurs.
Mais, attention, boomerang !
Dans le temps, leur relation pourrait connaître des difficultés et ne pas durer. Malgré l'amour réciproque, le tempérament

de son épouse provoquera des conflits que Harry vivra mal en 2024.

Je vois encore le deuil à la couronne d'Angleterre, dans un accident de la route !

Et bien sûr, en 2024, l'Angleterre continuera à commémorer la fin d'un règne et à pleurer, tout comme le reste de la planète entière, la reine Élisabeth II au si long règne.

À MONACO

Concernant le Rocher monégasque, mes prédictions restent d'actualité, ou à venir...
Charlène apparaîtra en force en 2024 et sur le devant de la scène avec ses enfants, Jacques et Gabriella, qui ont vraiment donné une place importante à celle-ci au cœur de la principauté. Le couple s'est ressoudé : le prince Albert et son épouse, Charlène, peuvent dorénavant s'appuyer l'un sur l'autre.

La princesse Stéphanie continuera à être à l'honneur, plébiscitée pour ses engagements au sein de ses œuvres caritatives, qu'elle va continuer de mener d'une main de fer. En l'occurrence, ses actions seront saluées et récompensées en tant que **présidente du Centre de la jeunesse Princesse-Stéphanie**. Comme je l'avais prédit, elle connaîtra les joies d'être à nouveau grand-mère. Sa fille et son fils seront de nouveau parents.

Et, comme je l'avais aussi prédit, **la princesse Caroline est une grand-mère comblée** grâce à ses deux fils : **Andrea**, son fils aîné, et **Pierre**, son fils cadet.
J'avais également prédit que sa fille, **Charlotte**, s'unirait. Le mariage de la jeune femme avec le fils de l'actrice Carole

Bouquet, Dimitri Rassam, a bien eu lieu ; tout comme la naissance de son deuxième enfant.
Il y aura encore une maternité pour la jeune femme.

Moins bonne nouvelle : le Rocher sera en deuil.

NEWS, NEWS...

Des deuils aux royaumes de Belgique, d'Espagne et de Norvège.

Des naissances s'annoncent chez le couple princier de Jordanie.
Pour perpétuer le bonheur de la reine Rania et de son époux, la famille s'agrandit.

SHOW-BUSINESS

DE L'AMOUR ET DES CLASHS

J'avais annoncé le grand retour de Johnny Depp au cinéma en 2023 ! C'est chose faite. Salué par les critiques pour son talent dans le film réalisé par Maïwenn : *Jeanne du Barry*. En 2024, on assistera à un renouveau international au niveau de sa carrière, après ses déboires amoureux qui ont fait la une des médias dans le monde entier. Le scandale autour de son divorce avec **Amber Heard** continuera à faire les gros titres des journaux, car celle-ci ne veut rien lâcher ! Mais on verra l'acteur accompagné d'une nouvelle femme, qui exerce un métier juridique et qui, cette fois-ci, pourrait être la bonne.
L'acteur devra, par ailleurs, surveiller sa santé.

Laeticia Hallyday et Jalil Lespert. La nouvelle romance de Laeticia fera toujours la une des journaux. Le documentaire réalisé par Jalil Lespert sur le mythique Johnny Hallyday les a réunis, et ils ne se sont plus quittés. Ils ont su faire taire les mauvaises langues pour officialiser leur amour.
Malgré la notoriété du réalisateur, triplement récompensé aux César, et déjà père de trois enfants, sa dernière relation de

neuf ans avec l'ex-Miss France, Sonia Rolland, pèsera un peu dans le couple. Il ne souhaitera pas être pris pour le compagnon de madame Hallyday.
De même, Laeticia souhaitera rester dans l'accompagnement de son grand amour décédé : Johnny. Elle continuera à évoquer, en 2024, un deuil toujours impossible à vivre.
Il n'est pas certain que le couple s'inscrive dans la durée !

Laeticia continuera de résider avec **Jade** et **Joy**, ses filles adoptées avec son époux, Johnny, dans des endroits privilégiés pour assurer leur scolarité et leur éducation, et aussi leur tranquillité. **Elle se partagera, encore et toujours, entre ses nombreuses résidences, dont celle de Los Angeles**, mais elle devra continuer à vendre des biens, sa situation financière étant critique, et elle devra faire face à des imprévus.

Laura Smet, la fille de **Johnny** et de **Nathalie Baye**, souhaitera avoir un second enfant, qui pourrait arriver en 2024 ou 2025. L'actrice fera son retour au cinéma, dans un rôle important où elle apparaîtra très brillante.

Marion Cotillard et **Guillaume Canet**. Malgré des éloignements nécessaires afin de retrouver une certaine sérénité dans le couple, ils continueront leur histoire, autant dans leur vie privée qu'au cinéma sur grand écran. Toute la famille ayant participé au film *Astérix et Obélix : l'Empire du Milieu*, réalisé par Guillaume Canet et sorti en 2023, s'étant retrouvé autour de leur fils, Marcel, acteur en herbe.

Jean Dujardin et **Nathalie Péchalat**. L'acteur et la patineuse sur glace ont accueilli, comme je l'avais prédit, un deuxième enfant. Et la romance continue ! Ils sont plus amoureux que jamais.

Charlotte Gainsbourg et **Yvan Attal**. Parce qu'ils ont fait taire les rumeurs de séparation, leur histoire s'installe dans la durée. Charlotte se consacre toujours à l'ouverture du musée de son père, Serge Gainsbourg. Tandis qu'Yvan est applaudi avec ses dernières réalisations et son rôle d'acteur dans le film *Maestro*, entre autres. Le mariage de leur fils, **Ben Attal**, et un heureux événement vont encore plus les rapprocher.

Vanessa Paradis et **Samuel Benchetrit**. J'avais annoncé le mariage et le bonheur pour ce jeune couple ; l'embellie continue. La chanteuse/actrice a trouvé sa stabilité auprès du réalisateur, même si des rumeurs de séparation peuvent courir sur leur union. Ils seront de plus en plus présents au cinéma tous les deux, et la chanteuse sortira un nouvel album.

Angelina Jolie et **Brad Pitt**. **Nous la verrons accompagnée, et elle présentera son nouvel homme. De son côté, l'acteur se montrera au bras d'une nouvelle actrice.**
Ce couple médiatique, qui s'est beaucoup investi dans les pays étrangers touchés par des catastrophes naturelles, et qui a su, grâce à son argent, créer des projets immobiliers, des hôpitaux, des maisons pour l'enfance, restera mythique. **Mais les tensions ne s'apaiseront pas en 2024.** Tout sera sujet aux attaques réciproques, aussi bien sur leurs six enfants que sur leurs biens communs.

George et **Amal Clooney**. Le couple s'affiche toujours avec autant d'aisance, de glamour et de beauté. Mais je maintiens que l'acteur américain s'affichera avec une autre femme du monde du cinéma. Et je vois toujours la séparation avec **Amal**, son épouse, cinglante et difficile !

Céline Dion. En 2024, sa grande priorité ? Continuer à rassurer ses fans sur son état de santé qui l'empêche de se produire sur

scène. Toujours prête à voyager à travers la planète, la grande Céline souhaitera produire une comédie musicale ! **Et la chanteuse veut laisser la place à la comédienne dans le futur.** Son projet d'héroïne et actrice principale d'un film sur sa propre vie lui permettra de s'exposer d'une autre manière, et à un rythme différent. Mais ses ennuis de santé la conduiront à une hospitalisation. Que ses fans se rassurent, elle s'en sortira assez bien. Mais, pour 2024, sa grande tournée « Courage World Tour » ne se fera pas.
Attention, la route est marquée, chez elle ! Je ne peux déterminer s'il s'agit d'un accident, mais la prudence s'impose.

Côté cinéma, inquiétude chez John Travolta. L'acteur américain, héros des films cultes *Grease* et *La Fièvre du samedi soir*, sera hospitalisé !

*

En 2024, comme chaque année, le cinéma et le théâtre français seront en deuil. Plusieurs décès à la suite (autant d'hommes que de femmes) assombriront le 7e art et le monde du théâtre.

Une année difficile et à risques pour : **Claudia Cardinale, Isabelle Aubret, Nicole Croisille, Adamo, Renaud, Alain Delon, Enrico Macias, Line Renaud, Brigitte Bardot** et **Nana Mouskouri** qui devra faire attention à sa santé ! Tout comme **Ginette Reno, Françoise Hardy, Julio Iglesias… La famille Drucker** continuera à être touchée.

Le monde de la chanson perdra l'un de ses plus grands chanteurs ; comme le monde du cinéma, l'un de ses plus grands acteurs. Pour tous et toutes, la prudence s'impose !
Je vois toujours la France en deuil national, par suite des décès de monstres sacrés du cinéma. En particulier, un acteur qui restera à jamais dans le cœur de son public.

EN CONCLUSION

Il nous faut absolument revenir aux vraies valeurs humaines et terriennes.
Il faut croire et espérer que nous aurons à vivre les événements de cette nouvelle année d'une manière moins brutale, moins anxiogène et moins dure que la précédente.
Malgré tout, je vous souhaite à toutes et à tous une belle année 2024 !
Gardons confiance, et l'espoir d'un monde meilleur pour les années à venir.
L'avenir, personne ne peut le toucher, mais il peut se lire !
Avec toute mon amitié.

2

MES PRÉDICTIONS ASTROLOGIQUES SIGNE PAR SIGNE

J'ai souhaité apporter de la nouveauté à *Que se passera-t-il en 2024*, et vous offrir une vue générale de chaque signe d'après mes ressentis, ainsi que ma clairvoyance et les nombreux flashs qui m'inspirent au gré de thèmes choisis. À découvrir au fil des pages.

Bonne lecture !

Sachant que mon analyse sur les signes donne les tendances de mon ressenti de médium à partir d'une étude simplifiée des mouvements célestes d'une année donnée sur votre Soleil – appelé communément « signe zodiacal » –, il est possible que vous ne vous retrouviez pas tout à fait, dans la mesure où l'ascendant et la structure de votre thème où sont positionnées les autres planètes sont rarement dans le même signe.

MES RESSENTIS

BÉLIER

(21 mars – 21 avril)
Signe de feu – Planète gouvernante : Mars

Vous êtes un être actif, fonceur, toujours dans l'action et le moment présent. Je vous vois comme un anticonformiste qui n'aime pas se projeter dans l'avenir, et qui préfère choisir de réaliser ses rêves au jour le jour, avec l'impulsivité qui le caractérise. Dynamique, joyeux et bon vivant, vous êtes un véritable épicurien qui sait profiter de la vie et de ses plaisirs avec passion. Il est vrai que vous agissez souvent sans réfléchir, mais avec la grâce de vous fier plutôt à votre intuition – et elle vous trompe rarement. Ce n'est pas un stratagème de votre part, mais la réaction d'un guerrier qui fonce dans le tas, avec une détermination sans faille et une volonté exemplaire. On peut vous reprocher que le tact et la diplomatie vous fassent souvent défaut, en raison de votre caractère entier, mais vous savez vite vous faire pardonner, car votre franchise et votre sincérité sont vos plus belles qualités.

MODE

Vous n'êtes pas vraiment un esthète. Votre tenue vestimentaire est surtout celle dans laquelle vous aimez vous sentir bien, car, comme vous avez horreur des mondanités et des protocoles, endosser un costume cravate ou une robe de soirée vous demande beaucoup d'efforts. Un conseil : habillez-vous le plus souvent possible de rouge – votre couleur fétiche, symbole du feu et de l'énergie ! Il est clair que vous ne dépenserez pas une fortune dans une garde-robe de luxe, sachant vous contenter de quelques tenues bien coupées aux matières agréables, qu'il vous plaît d'alterner selon les besoins – et c'est très bien ainsi.

DÉCO

Le Bélier peut vivre dans la plus grande simplicité, mais il affectionne les intérieurs chaleureux et confortables, tout en restant dans une certaine sobriété de matières et de couleurs. Les meubles anciens vous ravissent, tout comme les tableaux de maîtres ou les sculptures. Ne vous en privez pas ! Même si, en général, vous aimez les espaces épurés où seul demeure l'essentiel – avec une préférence pour le bois, très présent dans votre maison –, ainsi que les quelques objets de collection que vous aimez acquérir tout au long de votre existence, mais dont il vous est possible de vous séparer du jour au lendemain. Ami Bélier, vous n'êtes pas attaché aux choses matérielles ; et c'est votre point fort.

FORME

Vous pouvez être fier de posséder une très bonne santé ! Vous êtes robuste, solide, ne perdant pas de temps à vous écouter. Le Bélier ne se plaint pas, lorsqu'il souffre... Les migraines et les insomnies sont votre point faible, du fait de votre effervescence intellectuelle. Mais vous consultez rarement les médecins, et vous savez vous soigner avec le strict minimum, dans le meilleur des cas. Avec l'âge, attention à l'arthrose et aux douleurs articulaires et musculaires ; il est bon pour vous de le savoir et d'anticiper.

AMOUR

Le Bélier est assez imprévisible sur le terrain amoureux ! Ce passionné peut faire un mariage de raison pour s'assurer un confort et une existence paisible. La plupart du temps, vous ne consentez à vous engager durablement qu'après avoir vécu intensément de multiples expériences. Et vos choix amoureux sont souvent déroutants, car vous êtes malheureusement enclin à vous faire abuser par des partenaires qui profitent de votre générosité à l'excès, à moins que votre attirance ne se fixe sur des personnes atypiques et hors norme. Pour autant, cela ne vous pose pas de problème, car, si les autres ne savent pas pourquoi ils s'affichent avec telle ou telle personne, en revanche, vous, vous le savez parfaitement.

TRAVAIL

Vous êtes un travailleur, au sens noble du terme, ne comptant ni vos heures ni votre investissement pour atteindre vos objectifs. Perfectionniste et doté d'un sens du travail bien fait, avec des valeurs morales importantes, vous ne supportez ni le médiocre ni l'à-peu-près. Vous pouvez embrasser de brillantes carrières, si vous êtes vigilant et développez la lucidité nécessaire pour ne pas vous faire piéger par des personnes peu scrupuleuses. Dans le cas contraire, vous pourrez subir une succession d'échecs professionnels, qui vous atteindront au plus profond de votre être. On vous retrouve généralement dans des postes à responsabilités. Le commerce, la vente, le bâtiment, l'ingénierie, le médical et le social sont vos domaines de prédilection. En parallèle, vous œuvrez souvent pour des associations caritatives, car je vous sais grand humaniste avant tout.

POUR SÉDUIRE LE BÉLIER

Le Bélier est un signe de feu, passionné et passionnant, anticonformiste par excellence. Ne vous souciez pas des convenances, et étonnez-le d'entrée de jeu. Sous son apparence de guerrier se cache un être adorable. À vous de savoir lui faire baisser la garde !

VOTRE ANNÉE 2024

Ambiance

Ce que je vois : *au travail, soyez très scrupuleux, surveillez attentivement vos comptes et vos affaires, pour faire face aux imprévus le moment venu. N'oubliez pas que la persévérance et la ténacité sont les atouts de votre réussite. Et, comme vous avez de l'énergie à revendre, l'amour vous donnera envie de vous engager et de vous surpasser.*

TAUREAU

(22 avril – 21 mai)

Signe de terre – Planète gouvernante : Vénus

Vous avez des valeurs morales tenaces, influencées par l'éducation que vous avez reçue tout au long de votre enfance, et qui a conditionné votre comportement. Comme vous avez le sens de la famille et de la transmission, je vous vois entreprendre votre arbre généalogique ou vous intéresser de près à l'histoire de vos ancêtres. Je vous le conseille fortement, car vous aurez encore plus à cœur de construire un foyer et de vous épanouir au milieu des vôtres. Bon vivant, jovial et enthousiaste, vous êtes très apprécié et toujours bien entouré. Votre personnalité attire la sympathie, car vous n'êtes jamais avare d'un mot gentil, d'une blague ou d'un sourire désarmant. Professionnellement, vous exercez votre activité avec dévouement, car le travail est pour vous une source d'enrichissement personnel plus que de profit, même si je vous perçois comme un investisseur avisé et économe. Vous aimez le confort et les biens matériels, mais ce que vous recherchez avant tout, c'est la sécurité affective. À la recherche de l'âme sœur, si vous la trouvez, on peut vous faire confiance, vous lui serez fidèle, et vous vous réaliserez pleinement à ses côtés.

MODE

Vous affichez des goûts plutôt classiques, tout en adorant les accessoires et les bijoux, même de pacotille ! Je dois reconnaître que vous achetez peu, mais que vous privilégiez la qualité, les belles matières, les indémodables. On vous reconnaît à votre tenue irréprochable, et à une certaine classe très naturelle.

Je vous vois affectionner les textiles amples et vaporeux, car le confort de l'habit est un critère de sélection pour vous. Je vous conseille le bleu, le vert et le blanc, qui vous vont à merveille.

DÉCO

L'intérieur d'un Taureau est toujours parfaitement tenu : les choses et les objets sont à leur place, et la lumière est omniprésente – que ce soit par la présence de grandes baies vitrées, de lampes de toutes sortes, de bougies ou autres photophores. La cuisine est très importante pour le Taureau, car il est un vrai cordon-bleu qui aime préparer de bons petits plats et inviter des amis dès qu'il le peut ! Vous adorez la technologie ; et, chez vous, elle est en général à l'honneur : télé grand écran, ordinateur, tablette, Smartphone, console de jeux vidéo, appareil photo numérique. Car, malgré une apparente simplicité, vous aimez les signes extérieurs de richesse – et ce n'est pas un reproche.

FORME

Ami Taureau, vous possédez une très bonne santé générale, et il est rare de vous voir malade. Il est vrai que vous préférez le froid au chaud, mais vos saisons de prédilection restent l'automne et le printemps. Attention : votre peau, souvent sèche et fragile, redoute l'exposition au soleil ; et celle-ci ne vous est pas très recommandée. Prenez donc soin de votre peau ! En bon épicurien, vous appréciez la bonne chère et restez assez fidèle à la cuisine traditionnelle, et surtout à celle de votre enfance. Je vous vois un point faible : vous devrez sans cesse protéger votre gorge, car vous êtes sujet aux angines, aux laryngites et, par extension, aux dérèglements de la thyroïde.

AMOUR

Le Taureau est un amoureux sensuel, qui aime toucher, caresser et se laisser aller aux démonstrations d'affection et aux débordements émotionnels. Fidèle en sentiments, vous avez le cœur sur la main, mais il ne faut pas vous décevoir, car vous savez être très rancunier lorsque vous êtes blessé. Vous êtes capable de rester dans votre foyer par principe et par devoir, ou par dévouement envers vos enfants ! Il faut beaucoup de patience et d'amour pour vous récupérer. Pourtant, si la démarche est sincère, l'amour renaîtra de ses cendres. Une chose est sûre avec vous : lorsque l'harmonie est présente, on peut tout vous demander.

TRAVAIL

Impérativement, vous êtes un adepte du travail bien fait. Le Taureau est un collaborateur sur lequel on peut compter, un bon conseiller, et un patron soucieux du bien-être de ses employés. Les métiers de la terre vous conviennent : les activités manuelles et artistiques, les professions de la communication et du commerce, telles qu'architecte, sculpteur, ébéniste, agriculteur ou interprète. En fin de carrière, vous avez généralement assuré vos arrières et protégé votre famille du besoin. Oui, vous êtes un économe scrupuleux et un investisseur avisé qui peut envisager une retraite tranquille, tout en s'offrant les voyages de ses rêves. Profitez-en !

POUR SÉDUIRE LE TAUREAU

Il est riche en émotions, tant il peut passer du rire aux larmes en un instant. Il est bon vivant et fin gourmet. Vous ne vous ennuierez pas un seul instant, si vous l'entraînez dans la joie de vivre et la bonne humeur !

VOTRE ANNÉE 2024

Ambiance

Ce que je vois : *vous aurez l'impression de renaître après une longue période d'hibernation ! Au travail, je vois un regain de dynamisme également : vous revendiquerez vos droits, vos envies et vos fonctions au sein du groupe. Beaucoup de stress à gérer, mais vous gardez le moral. Prenez le temps de vous détendre et de bien vous alimenter.*

GÉMEAUX

(22 mai – 21 juin)

Signe d'air – Planète gouvernante : Mercure

Vous êtes intelligent et curieux, et vous avez l'art de vous adapter à n'importe quelle situation. Je vous vois entreprenant et enthousiaste, à fourmiller d'idées, sans cesse prêt à élaborer de nouveaux projets, que vous abandonnez aussi vite que vous les imaginez, car vous allez rarement au bout de vos aspirations. Vous ressentez surtout un grand besoin d'être aimé, protégé et entouré pour pallier vos crises d'angoisse. Mais il ne vous est pas facile de cerner ce que l'on attend de vous en retour ; alors, parfois, vous vous sentez incompris. La parole est votre principal moyen de séduction, et vous êtes doué pour tous les métiers de communication et d'art. Continuez à dégager beaucoup de joie, de bonne humeur et d'activités diverses et variées, votre compagnie n'en sera que plus recherchée !

MODE

La femme Gémeaux a de multiples facettes et une garde-robe à son image : hétéroclite et originale. Le jean côtoie la robe au décolleté renversant, et les baskets vont de pair avec les sandales argentées. Garçon manqué ou femme fatale, vous brillez de jour comme de nuit. Tandis que l'homme Gémeaux se démarque par un look original qui ne passe pas inaperçu. Vos vêtements sont toujours en accord avec votre humeur, et votre séduction passe par l'image que vous souhaitez dégager. Ne changez rien !

DÉCO

La maison n'est pas un élément essentiel de votre vie, car, bohème dans l'âme, vous ne restez jamais très longtemps au même endroit. Les déménagements sont fréquents au cours de votre existence, et correspondent souvent à une nouvelle direction professionnelle ou amoureuse. Vous attachez plus d'importance à votre qualité de vie qu'à l'habitat. L'important est que l'ambiance soit chaleureuse, que la vue soit dégagée, et que vous ne vous sentiez pas trop à l'étroit. Votre amour pour la décoration instaurée dans les lieux que vous habitez renvoie au parcours de vos voyages, de vos souvenirs et de vos évasions.

FORME

Sans être réellement malade, vous avez une santé délicate, mais une très bonne constitution. Tous vos désagréments sont souvent d'origine nerveuse et vous prédisposent aux troubles digestifs et intestinaux. Le Gémeaux est très sensible des voies respiratoires, et souvent sujet aux poussées de fièvre et aux inflammations diverses. Pour conserver votre santé, je vous conseille de vivre souvent au grand air et de faire de nombreux exercices respiratoires, ainsi que de pratiquer le yoga. Vous préférez généralement le cyclisme, le football, le ski, la course et tous les sports qui vont vite, impétueux Gémeaux !

AMOUR

Votre personnalité attire les personnes les plus diverses. Vous séduisez surtout par vos multiples facettes, ainsi que par votre charme irrésistible. Pour vous garder, votre partenaire devra être assez souple, afin de bien comprendre votre indépendance. Votre vie amoureuse doit être intense et pleine de surprises et de fantaisie, car vous ne supportez pas la routine. Vous n'êtes pas d'une nature très fidèle, sauf si vous avez trouvé le partenaire qui vous comble affectivement, sexuellement et intellectuellement.

TRAVAIL

Vous avez besoin de changements et de renouvellements perpétuels dans votre vie professionnelle. Rien ne vous ennuie plus que la monotonie ! Quelle que soit votre profession, vous vous démarquez par votre facilité d'expression, votre ambition et votre séduction. Vous seriez, bien entendu, un excellent acteur, un merveilleux comédien, mais aussi un conférencier passionnant, un brillant avocat ou un remarquable vendeur. Tous les métiers nécessitant des relations avec l'étranger – comme le journalisme ou le tourisme – vous conviennent également.

POUR SÉDUIRE LE GÉMEAUX

Le Gémeaux est une personne réjouissante, car son goût pour la communication et sa joie de vivre en font un bon vivant qui savoure chaque moment avec volupté. Aimez faire la fête, et vous passerez des moments délicieux, tout en séduction, en drôlerie et en émotion.

VOTRE ANNÉE 2024

Ambiance

Ce que je vois : *le sens des responsabilités va vous rappeler à l'ordre ; et autant vous aurez envie de vous reposer dans les bras de l'être aimé, autant vous travaillerez d'arrache-pied pour améliorer votre situation professionnelle et financière. Bravo !*

CANCER

(21 juin – 21 juillet)
Signe d'eau – Planète gouvernante : Lune

La femme Cancer a de l'énergie à revendre et une sacrée personnalité, avec un tempérament bien trempé. Je vous vois comme une femme de tête qui sait ce qu'elle veut et comment l'obtenir, au risque de paraître parfois superficielle, car vous dissimulez merveilleusement vos sentiments et jouez à fond la carte de l'apparence. Mais, au fond, vous êtes une séductrice, une rêveuse et une idéaliste souvent insatisfaite, car vous placez la barre très haut. Pleine de contradictions, vous préférez dissimuler la réalité pour ne pas avoir à l'affronter. L'homme Cancer est un gentleman aux bonnes manières. Séduisant et séducteur subtil, il a l'art et la manière de parvenir à ses fins, en douceur et avec beaucoup de délicatesse. Il a des ambitions, mais il peut vivre simplement, s'il est heureux ; alors que madame Cancer ne se contentera pas de trop peu !

MODE

Vous ne passez jamais inaperçu, car votre démarche féline et chaloupée se remarque immédiatement. Attention à ne pas être trop dépensier, car je vous ressens facilement *fashion victim*, tant votre goût pour la mode est prononcé. C'est un fait, vous aimez les belles matières, les tissus raffinés – voire un peu clinquants –, les bijoux, les accessoires... Toujours élégant, le Cancer a du style et de la classe ! Et un budget shopping impressionnant ! C'est le séducteur absolu, et son look est à son image : irrésistible.

DÉCO

La maison du Cancer est un havre de paix. Pas de faute de goût. Tout est à sa place et se marie divinement. Le blanc est la couleur dominante de son intérieur, avec des touches de couleur, ici et là. Le bois a sa préférence. Les couleurs chaudes, comme l'ocre et les dégradés de brun, se retrouvent dans les coussins ou les fauteuils. L'environnement est confortable, et l'on s'y sent bien. Au milieu de plein de petits bibelots anciens, de photos et d'objets fétiches, le Cancer est un nostalgique ; alors sa maison peut vite devenir un musée rempli de souvenirs.

FORME

Généralement en excellente santé, le Cancer puise dans ses ressources intérieures pour prendre soin de lui comme il se doit. C'est une personne sensible et intuitive, qui connaît bien ses limites, ses désirs et ses besoins. Quand vous êtes malade, vous faites en sorte de vite vous soigner et de ne pas laisser traîner des symptômes sans réagir. Vous accordez au sport une place importante, mais pas dans l'excès, juste ce qu'il faut pour se sentir bien. Vous êtes avant tout un signe positif, doté d'une force de vie incroyable qui vous permet de rebondir quoi qu'il arrive.

AMOUR

Les amours du Cancer sont souvent multiples, avant qu'il ne fasse son choix. Mais, quand l'homme ou la femme de sa vie apparaît et qu'il le/la reconnaît comme tel(le), il est alors d'une fidélité absolue. En revanche, il ne faut pas le décevoir, ni le trahir, ni l'humilier ; car, plus qu'un autre, le Cancer n'oubliera pas et aura le goût de la vengeance. S'il est aimé, et surtout rassuré sur les sentiments de son partenaire, il sera d'une dévotion incroyable et pourra vous décrocher la lune. Mais attention : le Cancer a sans arrêt besoin d'être surpris, et il a tendance à en vouloir toujours plus. Son appétit insatiable reste difficile à satisfaire.

TRAVAIL

Au travail, le Cancer est prodigieux, efficace et performant. Vous avez le sens du devoir accompli, du travail bien fait, et votre professionnalisme frôle parfois la perfection. Vous vous révélez épatant dans tous les métiers de la communication : journaliste, grand reporter, vendeur, animateur, acteur ou vendeur de boissons sur la plage. Votre bagout et votre charisme ne cesseront de séduire, d'étonner et de convaincre.

POUR SÉDUIRE LE CANCER

Le Cancer est une personne dynamique, extravertie, mais aussi rêveuse et romantique. Offrez-lui un décor des *Mille et Une Nuits*, dans un palais ou un château, mais pas dans la bergerie. Il a le goût du luxe, du beau, du confort et du raffiné !

VOTRE ANNÉE 2024

Ambiance

Ce que je vois : *le stress jouera sur la qualité de votre vie amoureuse et familiale, car vous ne serez pas toujours à l'écoute de vos proches. Au travail, vous ferez monter la pression, en affichant un moral d'acier et une énergie débordante. Soyez déterminé et professionnel, et vous pourrez vous réaliser dans des projets qui vous passionnent, en y mettant beaucoup d'énergie.*

LION

(23 juillet – 22 août)
Signe de feu – Planète gouvernante : Soleil

Vous êtes une personnalité haute en couleur, charismatique et volontaire. Je vous vois auréolé de ce don inné de l'organisation, pétri de sens critique et doté d'une détermination qui vous mène toujours sur les chemins de la réussite. D'apparence un peu froide et distante, vous avez pourtant un cœur en or, mais vous ne l'ouvrez pas au premier venu. L'estime d'un Lion se mérite au fil des années ! Vous êtes honnête et intègre, ambitieux et créatif, et vous faites en sorte de gagner l'estime de ceux qui vous plaisent, et de repousser les autres avec subtilité. Vous ne sortez les griffes qu'en cas de danger. Le reste du temps, vous jouez sur du velours.

MODE

Le Lion a le goût du luxe, du beau et des paillettes ; il faut le savoir ! Pas de bijoux de pacotille, seulement de l'or et des diamants. La qualité prime toujours sur la quantité, et il préférera un vêtement d'un grand couturier à plusieurs de seconde main. Ce n'est pas par snobisme, mais par souci d'authenticité. Vous aimez les matières fluides et confortables, car vous souhaitez avant tout vous sentir à l'aise dans vos tenues. Véritable caméléon, vous brillez autant en smoking qu'avec un jean branché assorti d'un polo – oui, mais griffé « Ralph Lauren » ! La femme Lion osera des robes sulfureuses et des décolletés renversants, tout en conservant la majesté du signe et l'élégance naturelle qui la caractérise.

DÉCO

L'environnement du Lion est à son image : grand standing, toujours ! Il aime les grands espaces, les lofts aux meubles design, les villas de plain-pied aux grandes baies vitrées. Plutôt sensible à l'art moderne et aux lignes épurées, l'espace n'est jamais encombré dans votre intérieur. Vous installez une bibliothèque par-ci, car vous adorez les livres, un canapé en cuir, un beau tapis et quelques bibelots ethniques par-là, et le tour est joué ! Vous êtes souvent un collectionneur avisé et un amateur d'art qui ne lésinera pas sur les acquisitions destinées à embellir son intérieur.

FORME

Les points faibles du Lion sont le cœur et les yeux. Ainsi, il est important pour vous de pratiquer des exercices cardio-vasculaires régulièrement. Privilégiez la marche dès que vous le pouvez, et les joggings au grand air. Inscrivez-vous dans une salle de sport, et profitez de l'heure du déjeuner pour faire un peu de musculation ou pour suivre un cours de gym. Le soleil n'est pas votre meilleur ami, et il faut apprendre à vous en protéger : un chapeau, une casquette, des lunettes et une bonne crème de protection sont impérativement nécessaires à votre peau fragile. Si vous respectez ces règles simples, vous constaterez que les migraines dont vous souffrez régulièrement vont se dissiper peu à peu.

AMOUR

Le Lion est très exigeant en amour. Il ne supporte pas la médiocrité, les étreintes tièdes et les déclarations en demi-teinte. Votre énergie débordante et votre grande curiosité ont besoin d'être satisfaites en permanence. Aussi, vous êtes attiré par des personnalités originales, un peu décalées, exotiques et surprenantes. Très sensuel, vous tombez d'abord amoureux d'un physique, d'un regard qui vous émeut, d'un sourire énigmatique et d'un corps qui vous fait vibrer. Mais, comme vous avez besoin d'échanges intellectuels vivaces, vous ne vous contenterez pas, à long terme, d'une belle apparence. Attention : vous êtes un être fier ; mieux vaut ne pas trahir votre confiance !

TRAVAIL

Au travail, le Lion est un leader, quel que soit le poste qu'il occupe. Vous avez des idées ingénieuses ; et même en tant que simple employé dans une administration, vous faites toujours mouche, par votre finesse d'esprit et votre conscience professionnelle. Votre attirance vous porte vers les métiers de la recherche, de la communication ou en rapport avec l'étranger : archéologue, bibliothécaire, inspecteur de police, traducteur, organisateur de voyages, sociologue.

POUR SÉDUIRE LE LION

Signe du soleil et du rayonnement absolu, le Lion est un esthète, un être gourmand et généreux, au charisme envoûtant. Pour le contenter, il va vous falloir sortir le grand jeu !

VOTRE ANNÉE 2024

Ambiance

Ce que je vois : *tantôt excentrique, tantôt timide, vous douterez sans arrêt de vos capacités. Bref, je vous ressens comme une vraie girouette qui ne sait pas ce qu'elle veut, mais qui affiche un excellent moral et un enthousiasme généreux ! Vous multiplierez les sorties, les rencontres et les belles affaires. Modérez simplement un peu vos excès et vos activités sportives, entre autres, car votre constitution pourrait pâtir de vos exploits.*

VIERGE

(23 août – 22 septembre)
Signe de terre – Planète gouvernante : Mercure

Vous êtes sage et discret en apparence ; on ne vous remarque pas immédiatement, et pourtant vous gagnez tant à être connu. Vous êtes souvent tiraillé entre votre sens du devoir et de la famille – qui peut aller jusqu'au dévouement – et l'envie de vivre des aventures hors du commun et des sensations fortes. Aussi, je vous ressens comme une personne fidèle, honnête et dévouée, qui compte ses amis sur les doigts d'une seule main, car vous n'accordez pas votre confiance au premier venu. L'estime d'une Vierge se mérite, mais quand on l'a, c'est pour la vie ! Il est vrai que la raison prime trop souvent sur vos sentiments, et que l'on peut parfois vous reprocher une certaine lâcheté face à l'inconnu ; alors que la folie, l'exubérance et l'extravagance vous attirent en secret.

MODE

La femme Vierge se reconnaît à son apparence impeccable et à son style très soigné. Si elle est attirée par la mode, elle portera de très beaux vêtements, mais avec simplicité. Ni provocatrice ni flambeuse, sa classe naturelle se révèle dans la sobriété. Pas de bijoux fantaisie ni de couleurs bariolées, pas de jupes trop courtes ou de décolletés vertigineux, on retrouve fréquemment dans ce signe un désintéressement vestimentaire qui se soldera par une tenue pratique et confortable. On retrouve également chez l'homme Vierge l'élégance et la distinction propres à ce signe ; c'est sa carte de visite et le reflet de sa personnalité.

DÉCO

Chez vous, l'espace est toujours très bien aménagé, avec des astuces de rangement qui font que rien ne dépasse. On va remarquer la télé fixée au mur, les livres alignés dans une bibliothèque savamment conçue, une cuisine à l'américaine bien éclairée. La Vierge a l'art de tenir son intérieur et de marier avec goût les couleurs, les tissus et les matières. Votre couleur dominante est le blanc, et l'on retrouve un dépouillement dans la décoration, avec juste l'essentiel savamment mis en valeur : un sofa, un beau tapis, une table basse et deux tableaux accrochés au mur. Et surtout, tout est à sa place ! Bien rangé et d'une propreté irréprochable, quel que soit le style !

FORME

Vous avez une santé à toute épreuve, grâce à une très bonne constitution et au fait que vous ne vous écoutez pas. Il est rare d'entendre une Vierge se plaindre ou de la voir consulter un médecin. C'est dans sa nature ! Vos points sensibles restent les intestins, ainsi que vos nerfs qui sont souvent soumis à rude épreuve du fait que vous n'extériorisez pas assez vos émotions et que vous avez tendance à prendre sur vous en toutes circonstances. Apprenez à verbaliser un peu plus ce qui vous contrarie, et votre corps vous en sera reconnaissant.

AMOUR

Bien sûr, votre personnalité vous prédispose à des amours plutôt tranquilles, voire tièdes, fondées sur des valeurs morales et la construction d'une famille. Mais vous cachez bien votre jeu, ami Vierge, car vous pouvez céder à des passions dévorantes et tumultueuses dans le plus grand secret, à condition de ne pas menacer votre équilibre familial. Là est le paradoxe ! Entre vos principes et vos fantasmes, votre cœur balance. D'où une certaine frustration, même dans le couple, car vous n'osez pas vous aventurer hors des sentiers battus.

TRAVAIL

Perfectionniste, vous avez le sens du travail bien fait, et vous savez vous entourer de collaborateurs efficaces qui vous estiment et vous respectent. Toutes les professions qui demandent de la rigueur et de la créativité vous permettront de vous épanouir. Ainsi, vous serez un très bon architecte, un inspecteur de police scrupuleux ou un professeur de mathématiques compétent et à l'écoute de ses élèves. La Vierge est très sensible également à toutes les causes humanitaires, et de nombreux représentants de ce signe se dévouent au sein d'une association bénévole dans la plus parfaite discrétion.

POUR SÉDUIRE LA VIERGE

Qu'elle soit sage ou folle, la Vierge séduit par son élégance discrète, sa sobriété naturelle, son tact et sa diplomatie. Faites preuve de beaucoup de délicatesse, et soyez aux petits soins, si vous désirez la charmer.

VOTRE ANNÉE 2024

Ambiance

Ce que je vois : *votre tempérament exalté se mettra au service d'une grande cause, et vous prendrez position dans votre entreprise avec talent. Vous serez envahi par la joie et la bonne humeur – ce qui vous garantit une année riche en émotions. Et l'amour, le grand, le vrai, va occuper une place importante dans votre vie ! Vous aurez une belle énergie pour imposer vos idées.*

BALANCE

(22 septembre – 21 octobre)

Signe d'air – Planète gouvernante : Vénus

Vous avez une personnalité complexe, qu'il est difficile de repérer au premier abord ; autant dire que vous cachez bien votre jeu. Je vous vois, sous une apparence extravertie, souriante et bon enfant, un éternel enfant qui a besoin de reconnaissance et d'affection. Et, pour masquer ce manque d'assurance, vous êtes souvent dans les excès, et vous pouvez tomber facilement dans toutes sortes de dépendances. À trop vouloir plaire, vous attirez des personnes superficielles qui ne vous correspondent pas vraiment. Profondément marqué par un sens aigu de la justice, un penchant à défendre la veuve et l'orphelin et une haute idée de l'amour, très brillant intellectuellement, vous vous réalisez avec brio au travers d'une activité professionnelle, politique ou associative engagée et militante.

MODE

Ce qui vous intéresse, c'est qu'on vous remarque ! D'où, parfois, certaines fautes de goût ou des tenues exubérantes et un peu trop sexy, qui ont l'avantage de ne pas passer inaperçues, pour la femme Balance qui se soucie peu de la marque de ses vêtements. L'homme Balance ne se soucie pas plus de marier les couleurs, et pourrait même frôler le ridicule tant il est loin des considérations vestimentaires. Vous êtes plutôt marqué par une attitude provocatrice, qui cache un besoin d'amour éperdu.

DÉCO

La Balance a l'art de créer une ambiance chaleureuse, propice à recevoir ses amis. D'ailleurs, votre porte est ouverte jour et nuit… Nul besoin de prévenir, vous accueillez toujours avec le sourire, et votre intérieur se révèle haut en couleur avec beaucoup d'objets ethniques, des tableaux, des photos, une bibliothèque énorme – aussi importante que la vidéothèque. Rien n'est vraiment à sa place, car vous ne cultivez pas la maniaquerie de l'ordre et du rangement. Vous aimez avant tout ce qui vit, ce qui bouge et ce qui vous connecte à l'humanité tout entière.

FORME

Vous avez une très bonne santé, tant que vous êtes heureux ! Le bonheur est votre élixir de jeunesse ; et l'amour, votre baromètre. Ainsi, les pathologies liées à votre signe sont en rapport direct avec votre moral. Les reins restent une partie fragile, ainsi que tout le système digestif. Comme vous avez une tendance prononcée à la gourmandise et que vos mets de prédilection sont souvent épicés et pimentés, vous en subissez parfois les conséquences.

AMOUR

Sous l'influence directe de Vénus – la planète de l'amour –, votre vie amoureuse est en général assez tumultueuse, car vous mettez longtemps à trouver la perle rare. Avec beaucoup d'expérience en la matière, sans cesse à la recherche de nouvelles sensations qui vous emmènent sur les chemins de l'ivresse, assez infidèle par nature tant que vous n'avez pas trouvé votre moitié, vous pouvez vous transformer en ascète après le mariage.

TRAVAIL

Vous allez tout naturellement vers les professions qui font appel à votre grand sens relationnel. Votre besoin de valorisation, tout comme cette envie profonde de vous sentir utile, vous pousse vers des métiers à vocation sociale, comme l'enseignement, la justice, la médecine ou l'humanitaire. À moins que l'engagement en politique devienne votre chemin ; et vous pourrez passer le reste de votre vie à défendre vos idées !

POUR SÉDUIRE LA BALANCE

La Balance est le signe de la fête et de la rigolade. Il faut vous méfier des apparences, car ce personnage extraverti cache une sensibilité à fleur de peau, qu'il compense par une séduction provocante. Soyez en phase avec son intime, et vous remporterez tous les suffrages.

VOTRE ANNÉE 2024

Ambiance

Ce que je vois : *vous afficherez une très belle apparence, que vous mettrez au service de la performance ; ce qui est bien. Essayez de trouver l'équilibre par une attitude tempérée. Il est vrai que vous aurez du punch et une belle détermination, que l'on vous enviera !*

SCORPION

(21 octobre – 21 novembre)
Signe d'eau – Planète gouvernante : Pluton

Vous êtes considéré comme le signe le plus sexuel du zodiaque, avec une propension à flirter dans des eaux troubles et à vivre dans les excès – c'est vrai ! Avec vous, tout est noir ou blanc, et vous faites preuve de peu de tolérance. Vous êtes un personnage entier et torturé, possédant de nombreuses qualités certes, mais vous n'êtes pas toujours en mesure de les exploiter. En effet, vous êtes capable du pire comme du meilleur, de sombrer au fond d'un gouffre ou d'escalader des montagnes. Tout dépend de votre humeur, de votre vie et beaucoup de votre passé, qui pèse lourdement dans la balance. Je vous vois souvent retourner vos pulsions de destruction contre vous ou contre les autres. Mais, quelle que soit la situation, vous renaissez toujours de vos cendres, avec une énergie hors du commun ; et cela est une de vos grandes qualités. Mais que ceux qui vous entourent fassent attention, vous êtes un animal dangereux !

MODE

Telle une mante religieuse, sexy en diable, provocante mais élégante, la femme Scorpion suit la mode avec intérêt et se pare souvent des plus beaux atours. Vous portez des parfums capiteux et troublants, vous collectionnez les chaussures à talons, et vous alternez sans problème les tenues féminines et les tailleurs-pantalons au look androgyne. Ne changez rien, votre séduction passe par cette ambivalence. L'homme Scorpion, lui, est élégant et raffiné. Il affectionne les marques traditionnelles et les belles matières qui le mettent en valeur, et il n'hésitera pas à mettre la main au portefeuille pour s'habiller chez les grands couturiers.

DÉCO

L'intérieur d'un Scorpion est généralement très bien tenu et bien organisé. Parfois, son goût immodéré pour la propreté frôle la maniaquerie, mais cela confère à son intérieur confort et chaleur. Chaque chose est à sa place, dans une parfaite harmonie de matières et de couleurs. Vous aimez le cuir, les meubles design, noirs et transparents, le luxe apparent et les verreries. Les œuvres d'art côtoient les objets de cœur, et vous pouvez être un grand collectionneur – voire un fétichiste.

FORME

Vous avez une santé de fer et un moral d'acier ! Ce sont vos nerfs qui sont le plus souvent mis à rude épreuve, tant vous vous torturez le corps et l'esprit en permanence. Pour pallier les insomnies, seul le sport peut vous venir en aide ; et je vous le conseille fortement, afin de laisser reposer ceux qui sont autour de vous. Évidemment, vous aimez les sports d'endurance et de défi, là où le risque vous maintient constamment entre la vie et la mort, car le sport n'est pas un loisir pour vous, mais un moyen de vous dépasser et de repousser les limites du corps et du mental. À vous les courses de vitesse en monoplace, les sauts en parachute, le vélo en compétition, la musculation en salle ou le ski alpin. En règle générale, vous n'êtes pas souvent malade, juste un peu douillet, malgré les apparences. Un simple rhume peut vous clouer au lit et vous amener à appeler les urgences uniquement pour que l'on s'occupe de vous.

AMOUR

Le Scorpion est un don Juan, un séducteur invétéré, un chasseur de dames, un coureur de jupons. On vous reconnaît à votre regard : perçant, sombre, envoûtant, hypnotisant. Vous aimez plaire et, pour conquérir l'objet de votre passion, vous allez déployer des trésors d'imagination afin de parvenir à vos fins. Comme vous trouvez votre plaisir dans les préliminaires, vous n'êtes fidèle que si vous tombez amoureux. Amant fougueux et exalté, il vous faut trouver un partenaire à votre hauteur pour ne pas être frustré. La femme Scorpion est tout aussi dévoreuse et sensuelle, une grande amoureuse portée aux amours et aux expériences multiples, si elle ne rencontre pas son homme idéal.

TRAVAIL

Vous avez tous les atouts en main pour réussir votre vie professionnelle et suivre une brillante carrière, car vous savez vous donner les moyens de vos ambitions, grâce à une volonté et une détermination hors du commun. Si votre vocation n'est pas contrariée, vous excellerez dans vos domaines de compétence ; mais, si vous n'aimez pas votre métier, vous pourriez vous laisser sombrer dans une situation catastrophique. Soyez vigilant sur vos choix de vie, d'autant que vous n'aimez pas l'autorité et n'êtes pas d'une nature qui s'adapte aux contraintes.

POUR SÉDUIRE LE SCORPION

Le Scorpion reste le signe le plus énigmatique du zodiaque. Pour le séduire, pas de fausses notes ! Il a l'œil partout et retient avec précision tout ce qui ne sera pas à son goût. À vous de savoir créer l'ambiance, le mystère, et révéler vos talents, car c'est un grand épicurien.

VOTRE ANNÉE 2024

Ambiance

Ce que je vois : *ambiance torride en perspective dans votre vie affective ! L'amour va vous transporter, et vous vivrez dans un climat passionnel. Au travail, allez dans le sens du courant, et ne jouez pas les rebelles. Et, comme vous afficherez une forme olympique et une séduction maximale, ménagez votre entourage, car votre combativité pourrait décontenancer.*

SAGITTAIRE

(22 novembre – 21 décembre)
Signe de feu – Planète gouvernante : Jupiter

Vous êtes un être fantasque et extraverti, promis à de grandes réalisations ; un aventurier éperdu à la recherche d'exotisme et de lointains horizons, et le monde n'est pas assez grand pour assouvir toute votre curiosité et votre besoin d'expansion. Enthousiaste, jovial et chaleureux, vous êtes charismatique et doté d'un humour ravageur. Deux personnalités contradictoires cohabitent dans votre signe : l'anticonformiste rebelle, éternel voyageur sans domicile fixe ; et le débonnaire soucieux de son apparence et amoureux de son confort, qui se fie aux valeurs traditionnelles et respecte la morale. Les deux personnalités peuvent s'allier et s'opposer tour à tour dans le même individu, créant un paradoxe qui vous est difficile à vivre.

MODE

L'homme Sagittaire se désintéressera totalement de sa tenue vestimentaire et fera preuve d'un goût douteux, tant le confort prime sur l'élégance. La femme Sagittaire sera beaucoup plus soucieuse de son apparence et alternera le décontracté et une certaine prestance originale à l'occasion d'une soirée. L'un comme l'autre se font remarquer par leur exubérance, leur charisme et leur charme ravageur, dont le potentiel est bien supérieur à la découpe de leurs vêtements.

DÉCO

L'intérieur d'un Sagittaire peut se présenter comme un vrai champ de bataille où il n'est pas facile de se retrouver. Les objets souvenirs côtoient les curiosités en tous genres – photos, bibelots, tapis... – comme les tableaux, qui ont une valeur plus symbolique que pécuniaire. Dans ce désordre organisé aux couleurs chatoyantes, le Sagittaire trouve un réconfort affectif dans le monde qu'il s'est créé et qui lui permet d'exister.

FORME

Vous affichez généralement une bonne santé, liée à votre être dynamique et sportif, qui a une conscience aiguë de son corps. Dans le cas d'une personnalité plus indolente et épicurienne, vous pouvez souffrir de crises de foie ou autres problèmes intestinaux, dus à des excès alimentaires et à votre gourmandise. Pour autant, les points faibles de votre signe restent les hanches et les cuisses, et vous pouvez facilement être sujet aux problèmes de dos et aux sciatiques, ainsi qu'aux fractures. Avec une bonne hygiène de vie, vous serez capable de relever tous les défis et d'escalader des montagnes avec une hargne incroyable. Votre moral sera déterminant sur votre santé, prenez-en soin.

AMOUR

Le Sagittaire est un passionné qui ne supporte ni la routine ni les contraintes du quotidien. Il veut sans cesse réinventer l'amour avec la personne qu'il aime, en jouant avec les interdits qu'il a souvent plaisir à transgresser. S'il s'ennuie dans son couple, il sera infidèle et malheureux de l'être, mais il ne pourra se résoudre au conformisme amoureux, car il a besoin d'indépendance et de grands espaces – ce n'est pas une personne que l'on peut enfermer. Pour autant, il pourra s'engager, s'il est en fusion avec l'être aimé, et construire une famille, car il sera un parent exemplaire, soucieux du bien-être de ses enfants et prenant son rôle très au sérieux.

TRAVAIL

Vous avez besoin de vous réaliser et de vous épanouir dans votre travail – par vocation plus que par devoir. Parce que vous faites preuve d'une rare conscience professionnelle et d'une infinie générosité, tous les métiers artistiques vous sont ouverts, ainsi que les professions qui demandent un bon sens relationnel. Votre goût du voyage vous conduira à de multiples changements d'orientation et de carrière, suivant l'instinct et la passion qui vous caractérisent, afin de réaliser vos rêves.

POUR SÉDUIRE LE SAGITTAIRE

Il est drôle, loquace, joyeux, bourré de charme et peu soucieux des convenances. Il suffit d'avoir le sourire, et vous ferez la conquête de ce séducteur facile à charmer par le naturel, la sincérité, la fantaisie et la bonne humeur.

VOTRE ANNÉE 2024

Ambiance

Ce que je vois : *courage, votre travail sera reconnu, n'en doutez pas, et vous ferez taire les mauvaises langues le moment venu ! Pour pallier la fatigue, pensez à décompresser le temps de week-ends bien organisés, comme vous savez le faire, afin de recharger vos batteries. Malgré vos idées novatrices, vous aurez parfois le sentiment d'être incompris ; aussi, vous ferez cavalier seul, sans perdre votre motivation et sans vous laisser déstabiliser par les commérages.*

CAPRICORNE

(22 décembre – 20 janvier)
Signe de terre – Planète gouvernante : Saturne

Vous êtes un être difficile à comprendre, car vous ne racontez pas votre vie au premier venu. Introverti par nature, vous ne manquez pas d'humour et d'enthousiasme, mais cela ne s'exprime pas dans une démesure affichée. Brillant intellectuellement, vous avez le sens des valeurs, du travail bien fait, de l'organisation parfaite pour arriver à vos fins. Si le Capricorne se donne les moyens de réaliser ses ambitions, c'est qu'il est courageux. Vous ne baissez pas les bras facilement, car vous ne supportez pas que les choses ou les gens vous résistent. Entêté, honnête et droit, vous pourrez passer votre vie au service d'une cause qui vous semble juste, et travailler d'arrache-pied pour concrétiser vos rêves. Fier, parfois égocentrique, vous défendez vos idées avec force et conviction. Pour autant, votre charme est souvent ravageur, et vous savez parfaitement l'utiliser à bon escient.

MODE

Vous avez le souci de votre apparence, car vous aimez être regardé, voire admiré. En revanche, vous n'êtes pas sophistiqué et ne faites pas de manières. Vous entretenez votre look sobre mais élégant. Même en jeans et en baskets, vous avez une classe naturelle qui n'a pas besoin d'artifices. Le charme opère plutôt grâce à votre regard et à votre sourire, à votre attitude, à votre comportement et au mystère que vous dégagez, toujours teinté d'humour corrosif.

DÉCO

L'intérieur d'un Capricorne est en général remarquable. Les choses sont à leur place, et il a un sens inné du ménage et du rangement, car cela le rassure. Vous avez besoin de repères pour vous épanouir et vous tenez particulièrement à votre environnement. La bibliothèque y tient une place primordiale, tout comme votre collection de disques et de jeux en tous genres. Cérébral, mais affectif à l'extrême, vous cachez derrière votre masque détaché un attachement aux objets proche de l'adoration. Passéiste et nostalgique, vous conservez vos souvenirs comme des reliques. Votre intérieur vous tient à cœur, car il est généralement à votre image.

FORME

C'est sûr, vous êtes un hypocondriaque qui s'invente des maladies en permanence, et qui aime à consulter pour déceler une tumeur ou un mal incurable. En réalité, vous avez envie que l'on s'occupe de vous, car vous possédez une excellente santé. Très à l'aise avec votre corps, sans fausse pudeur ni exhibitionnisme, terrien jusqu'au bout des ongles, vous connaissez vos limites et vous vous blessez rarement, grâce à votre aisance naturelle. Sportif accompli, endurant, avec un mental d'acier qui vous permet de vous surpasser ; si vous êtes peu soutenu et mal entouré, vous pouvez vous laisser complètement aller et endormir vos capacités. Attention : votre point faible reste le squelette, les os et les articulations.

AMOUR

Le Capricorne a une très haute idée de l'amour, et il ne faut ni le tromper ni le décevoir, sous peine d'être radié définitivement de sa vie. La famille est importante à vos yeux, vous y puisez force et énergie pour vous dépasser. Autant vous adorez les enfants, autant vous êtes un parent assez strict dans l'éducation. Débordant d'amour pour votre lignée, on peut compter sur vous, même si vous n'avez pas toujours le sens des responsabilités. Votre monde intérieur est très riche ; et, parfois, vous pouvez planer, révélant un fort penchant pour les excès en tous genres, qui peuvent vous conduire à la perdition, car vous n'assumez pas la partie sombre de votre personnalité.

TRAVAIL

Capable du pire comme du meilleur dans le domaine professionnel, si vous arrivez à vous réaliser dans votre activité, vous serez passionné, voire militant, et défendrez vos idées avec une conviction hors du commun. Mais, si vous êtes sur la touche, votre frustration sera telle que vous en deviendrez irascible. Dans tous les cas, votre sérieux et votre sens de l'organisation feront recette. Rigoureux dans le travail, avec une grande conscience professionnelle et une logique implacable, je vous vois dans les métiers scientifiques, de recherche ou de gestion. Si vous évoluez dans un univers artistique, vous excellerez comme metteur en scène, comédien, technicien de cinéma, journaliste ou critique d'art.

POUR SÉDUIRE LE CAPRICORNE

Le Capricorne n'est pas un être facile à approcher, à cerner et à dérider. Afin de l'apprivoiser, misez sur le classique et le raffiné. Comme c'est un ascète qui déguste plus qu'il ne savoure, privilégiez la qualité à la quantité.

VOTRE ANNÉE 2024

Ambiance

Ce que je vois : *établissez des priorités ! Vous allez vivre une superbe année, propice aux engagements sous toutes leurs formes, que ce soit dans le domaine professionnel ou privé. On vous prêtera un charme irrésistible, un sourire éclatant et une forme exceptionnelle ; ce qui vous permettra de servir vos intérêts et vos ambitions. Votre enthousiasme et votre bonne humeur seront contagieux.*

VERSEAU

(21 janvier – 18 février)
Signe d'air – Planète gouvernante : Uranus

Vous êtes une personne qui se caractérise d'emblée par une volonté farouche d'indépendance. Difficile de vous enfermer dans un carcan social, car vous ne revendiquez aucune appartenance – que ce soit à un culte, à une religion ou même à une personne. Idéaliste et humaniste, vous œuvrez toujours pour le plus grand nombre, sans vous soucier des répercussions de vos actes, qui peuvent être aussi grandioses que marginaux. Vous avez une compréhension très fine des êtres et de l'univers. Mais, paradoxalement, vous êtes aussi extraverti que solitaire, avec un besoin viscéral d'un espace rien que pour vous ; et il faut respecter votre intimité, sous peine de vous voir vous envoler.

MODE

En général, vous faites très attention à votre apparence physique – surtout les femmes. On les reconnaît d'emblée à leur tenue impeccable, à leur classe naturelle et mystérieuse, à leur beauté froide et distancée. En effet, le Verseau n'est pas très chaleureux au premier abord. Vous vous protégez derrière un masque soigné qui ne laisse pas transparaître vos émotions. Néanmoins, votre charme est irrésistible et fait des ravages. Le regard et le sourire d'un Verseau ne s'oublient pas.

DÉCO

Le Verseau accorde une grande importance à son intérieur, qui est absolument impeccable. C'est un adepte de l'encens et des bougies, des lumières tamisées qui créent une atmosphère propice à la relaxation. On y trouvera souvent des objets et des livres à dimension spirituelle, ainsi qu'une grande collection de musiques, qui l'emportent vers d'autres dimensions. Dans le cas d'un Verseau contrarié dans sa nature, l'intérieur sera tristement sobre et sans éclat, comme s'il manquait une part de sa personnalité qu'il aurait refoulée.

FORME

Vous êtes un hypernerveux qui réagit en fonction de son environnement. Vous avez besoin de calme, de solitude, d'air pur et d'un havre de paix où vous ressourcer. Perfectionniste à l'extrême, vous pourriez souffrir de dépressions chroniques, du fait de votre difficulté à vous adapter au monde qui vous entoure. Votre point faible reste la circulation sanguine. Vous devrez donc avoir une hygiène de vie irréprochable et une alimentation équilibrée pour être bien dans votre peau. La moindre contrariété provoquera des insomnies que vous aurez beaucoup de mal à gérer.

AMOUR

Le Verseau est un idéaliste qui érige cette valeur en morale absolue. Fidèle et entier, il pourrait presque oublier ses véritables sentiments pour servir son sens de l'honneur et ce qu'il estime être « son devoir ». Ainsi, vous pouvez vous sacrifier, même si vous n'êtes pas heureux, pour honorer un contrat de mariage. Vous passez souvent à côté de l'amour, du fait de vos exigences généralement impossibles à atteindre et d'un sens de la perfection qui vous porte à de multiples déceptions. Vos amours sont alors autant de feux de paille qui se consument rapidement, sitôt que vos repères sont en dissonance avec votre partenaire. Vous devez apprendre à avoir une plus grande confiance en vous pour pouvoir faire confiance, à votre tour, à la personne de votre vie.

TRAVAIL

On vous retrouve dans toutes les professions ayant trait à la justice, à l'humanitaire et à la création. Comme vous excellez dans l'organisation de grands projets et que vos idées sont originales – bien que souvent irréalisables, car de trop grande envergure –, vous avez le sens du travail et de l'effort ; ce qui vous garantit une bonne assise professionnelle. Sachant utiliser à bon escient vos capacités, vous pourriez faire des merveilles et vous épanouir pleinement dans la voie choisie, et votre charisme sera votre meilleur atout.

POUR SÉDUIRE LE VERSEAU

Son charisme, sa beauté et son charme irrésistible peuvent déstabiliser. Paradoxalement, il est toujours sur la défensive et ne se dévoile pas au premier venu. Il vous faudra déployer des trésors de séduction, fine et subtile, pour le faire craquer.

VOTRE ANNÉE 2024

Ambiance

Ce que je vois : *grand remue-ménage intérieur ! Changement de mobilier, secrets familiaux révélés au grand jour, ou amour officialisé – vive la nouveauté ! La fatigue se fera sentir, malgré votre grande énergie et votre sportivité exemplaire. Il faudra penser à ne pas travailler le week-end. Allez courir ou adonnez-vous à un sport durant cette année de bouleversements, afin de décompresser !*

POISSONS

(19 février – 20 mars)
Signe d'eau – Planète gouvernante : Neptune

Vous êtes un être insaisissable, toujours entre deux eaux, avec une difficulté à vous ancrer dans la réalité, surtout lorsqu'elle n'est pas à la mesure de vos aspirations. Spirituel, mystique, vous êtes entre ciel et terre, en quête d'absolu, de fusion avec l'univers. Idéaliste jusqu'à l'extrême, vous subissez de nombreuses déceptions tout au long de votre vie. Doté d'une intuition hors pair, c'est grâce à vos antennes que vous arrivez à vous sortir des situations scabreuses dans lesquelles vous vous enlisez avec la naïveté d'un enfant et le courage d'un titan. Sans cesse, vous devrez aller contre votre nature pour vous adapter au monde qui vous entoure et vous réaliser pleinement.

MODE

Vous êtes dans le flou artistique le plus total concernant votre tenue vestimentaire, car vous accordez peu d'importance à l'apparence, tout en aimant séduire. Vous pouvez passer de longues heures devant la glace, avant d'être satisfait du résultat. Si vous n'avez pas envie de plaire, vous pourrez alors porter la même tenue toute la semaine, et vous laisser aller totalement. Vous passez, avec une facilité désarmante, du jeans baskets à la tenue de gala.

DÉCO

Le Poissons est un décorateur né, qui sait instinctivement marier les formes et les couleurs, et créer une ambiance chaleureuse où il fait bon vivre. Vous aimez le jaune soleil, le bleu de l'océan, le vert de la nature, mais aussi le noir des ténèbres. On trouvera chez un Poissons de multiples objets ethniques, des bougies et de l'encens, des tableaux surréalistes, des photos et des plantes un peu partout. Le confort est important pour vous ! Et vous préférez les formes rondes et sensuelles qui vous correspondent, comme des poufs marocains ou des sofas posés à même le sol et ornés de coussins multicolores au milieu de tapis indiens.

FORME

Vous êtes un hypersensible qui somatise en permanence, et qui a toujours mal quelque part, mais la douleur est réelle. Vous êtes un être d'excès, qui peut devenir facilement dépendant du tabac, de l'alcool ou d'autres drogues. Dans un mal-être permanent, vous êtes prédisposé aux crises d'angoisse et à la dépression. Comme le Poissons est un être éperdu d'amour, il est en bonne santé lorsqu'il est bien entouré et en accord avec lui-même. Vos points fragiles restent les pieds et la circulation sanguine.

AMOUR

Le Poissons est un amoureux de l'amour. C'est pourquoi il passe de bras en bras à la recherche d'un idéal qui n'existe pas. Passionné jusqu'au sacrifice, il aime corps et âme l'objet de son désir, sans aucune lucidité. Et, lorsqu'il est trahi ou abandonné, il retombe aussi bas qu'il a pu s'élever ! En revanche, lorsqu'il rencontre la bonne personne, il lui sera dévoué et fidèle jusqu'à la mort. Charismatique, sensuel au regard de braise, il ne lésine pas sur les moyens pour arriver à ses fins. Toute la difficulté est de l'attraper dans ses filets, car le Poissons ne résiste pas aux amours tièdes ; et il peut s'enfuir sans donner d'explications, du jour au lendemain.

TRAVAIL

Doté d'un grand sens relationnel et d'une véritable empathie qui le porte à se réaliser dans toutes les professions médicales et sociales, le Poissons est marginal. Vous êtes un artiste de talent, ou un grand écrivain ! Votre sens de l'honnêteté et vos combats contre l'injustice font de vous un brillant avocat ou un fervent travailleur dans l'humanitaire. Enfin, vous possédez un amour immodéré pour les enfants, et l'on vous retrouve dans des professions en rapport avec l'enseignement, l'animation ou l'éducation en général.

POUR SÉDUIRE LE POISSONS

Cette espèce-là ne se laisse pas facilement séduire, malgré son sourire ; ne vous y fiez pas ! Entouré de mystère, il n'est pas facile de rentrer dans son univers, si vous n'y êtes pas invité. Il va vous falloir l'émouvoir pour l'apprivoiser, puis le captiver pour le garder à vos côtés.

VOTRE ANNÉE 2024

Ambiance

Ce que je vois : *rassurez-vous, les difficultés de ces derniers temps vont s'estomper, et vous allez pouvoir de nouveau compter sur la chance pour réaliser vos projets et aller de l'avant. De l'éclat, du charisme et de bons aspects planétaires vont servir vos ambitions les plus intimes. Votre carrière va prendre un nouvel essor ; votre relationnel, s'élargir ; et vos amours se vivront sous le signe de la passion.*

ENTRE FLASHS ET CLAIRVOYANCE

CHANGEMENTS ET BOULEVERSEMENTS POUR CHAQUE SIGNE EN 2024

Selon le dicton « un homme averti en vaut deux », à chacun de modifier son quotidien pour éviter embûches et obstacles, repousser malheur et déprime, et saisir les opportunités, afin de vivre dans la joie et la bonne humeur !
Réponses de mon pendule divinatoire à mon ressenti de médium.

Une remise en question, pour les cinq signes suivants :

GÉMEAUX

Avant tout, vous souhaiterez trouver un nouveau sens à votre vie ! Une transformation profonde de votre psychisme et une prise de conscience sont en marche pour ne plus brûler la chandelle par les deux bouts, et prévoir un peu plus les choses. La liberté d'action est un trésor, mais la désorganisation peut dilapider votre richesse et vous rendre esclave des contraintes que vous aviez fuies. Vous souhaiterez planifier et organiser un peu plus votre vie, afin de ne pas vous retrouver perdu et sans repères.
Mon conseil : *ne vous éloignez pas des personnes bienveillantes, et tenez vos engagements ; alors tout ira bien.*

VIERGE

Les relations toxiques, c'est terminé ! Une chose est sûre, il ne sera plus question d'être dans la souffrance. Et les planètes vont vous aider à vous affirmer et à prendre des responsabilités que vous n'auriez pas osé envisager il y a quelques années encore. Aussi, n'hésitez pas à entreprendre et à vous mettre en avant. Avec vos meilleurs soutiens planétaires du moment, cela pourra vous permettre d'accroître votre intuition, de vous rendre encore plus proche des gens, et de montrer de quoi vous êtes capable !
Mon conseil : *mettez de côté vos raisonnements rationnels et votre cérébralité, et laissez parler votre cœur, votre générosité.*

SCORPION

La fin d'année s'annonce difficile et turbulente ! Il faudra songer à ne pas trop en faire sur le plan professionnel en amont. Ou bien, à l'inverse, être dans l'excès de confiance en faisant preuve de suffisance, car une belle planète s'en charge déjà pour vous. Vous pourrez fédérer beaucoup plus de monde autour de vos activités et projets, à condition d'accepter la transformation. Si vous êtes seul, n'hésitez pas à sortir et à vous aérer, vous verrez que, spontanément, vous recommencerez à plaire, grâce à votre pouvoir de séduction inné.

Mon conseil : *oubliez vos conflits intérieurs, ouvrez-vous aux autres, et modérez vos pulsions.*

SAGITTAIRE

Tout va changer ! Ce sera le moment des grandes décisions. Avec une priorité : voyager, encore et encore. Ainsi, dès le début 2024, vous aurez planifié vos vacances pour le reste de l'année. Mais attention à bien surveiller le plan professionnel et vos affaires familiales. Veillez à réfléchir avant de vous engager ou de signer un nouveau bail, un nouveau contrat de travail, si vous ne voulez pas avoir de mauvaises surprises. Votre signe de feu vous encourage à tout faire pour sublimer votre quotidien. Oui, mais attention à ne pas tout quitter sans penser aux conséquences.

Mon conseil : *revenez à la réalité, afin de prendre les bonnes décisions.*

VERSEAU

Votre souhait ? Trouver le bonheur, sinon rien ! Vous pourriez vous rapprocher de personnes plus matures que vous. Ou d'un ami en qui vous aurez toute confiance. Une personne qui saura vous épauler et vous apporter son soutien pour vous permettre de canaliser votre formidable énergie si communicative, et la rendre très constructive. Comme vous êtes doté d'une grande intuition, vous saurez flairer les bonnes affaires et vous mettre en valeur dans des projets ambitieux, et vous serez prêt à fournir un énorme travail pour atteindre vos objectifs.
Mon conseil : *multipliez les activités et les rencontres, et soyez réceptif à une relation improbable.*

De la chance à tous les niveaux, pour les cinq autres signes suivants :

BÉLIER

Bienvenue aux coups de pouce du destin ! Ce sont les loisirs, les rencontres amoureuses, les activités créatives et sportives, et la chance pure qui seront à l'honneur. Si vous êtes seul, mettez toutes les chances de votre côté pour vous mettre en évidence, et la chance vous sourira. Et n'hésitez pas à gratter, de temps en temps, un ticket ou à noircir une grille de loterie, le gros lot est peut-être à portée de main. Profitez de cette année pour améliorer vos conditions de vie, car, dès le début 2024, la chance ne vous quittera pas et se déplacera plutôt sur la sphère professionnelle ; ce sera le moment de vous épanouir dans ce secteur.
Mon conseil : *mariage, achat immobilier, déménagement, tout vous sera permis.*

CANCER

« Libéré, délivré... » ! Tout vient à point pour qui sait attendre. Et pour vous, le grand moment est arrivé. Cette année, vous pourrez autant gérer vos contraintes financières que vous épanouir dans le domaine professionnel, avec plus de responsabilités. Essayez de regarder la situation sous un jour nouveau, en laissant tomber vos vieux dogmes, sans renoncer à l'essentiel de vos valeurs, de vos rêves et idéaux. Dès la première partie de l'année 2024, profitez-en pour vous consacrer aux opérations financières, qui seront largement favorisées.

Mon conseil : *n'hésitez pas, côté cœur, à consolider les liens qui vous unissent à votre partenaire.*

BALANCE

De grands changements arrivent dans votre vie ! Et les flèches de Cupidon ne vont pas vous épargner, cette année. L'amour est au rendez-vous, ne le laissez pas passer. Une relation que vous aviez prise à la légère, ou pour une simple amourette, pourrait prendre un tournant plus passionné, avec tous les ingrédients d'engagement et d'euphorie sentimentale. Si vous êtes en couple, vous pourriez consolider votre relation ; si vous êtes célibataire, tout est réuni pour vous faire explorer de nouveaux horizons amoureux. La chance vous sourit, afin de vous permettre un épanouissement harmonieux, comme vous aimez.

Mon conseil : *envisagez le futur à deux, sans réserve ni appréhension.*

CAPRICORNE

De la chance et de la nouveauté ! Il faudra accepter la symbolique de laisser mourir pour mieux renaître avec une énergie nouvelle. Faire le dos rond devant toute cette pluie de difficultés, et ce vent de bonheur qui soufflera dans votre vie. Vous aurez toutes les cartes en main pour prendre un nouveau départ et réorienter votre vie dans la direction que vous voulez. Évitez de vous accrocher à vos certitudes ou à ce qui n'existe déjà plus. Privilégiez les activités qui mettront en valeur votre sens de l'organisation. Et, côté finances, dormez sur vos deux oreilles.
Mon conseil : *croyez en la vie, ayez confiance, et sortez de votre réserve pour répondre à vos envies.*

POISSONS

Une année riche ! Dès le milieu de cette année 2024, vous devriez émerveiller les gens qui rechercheront, à votre grande surprise, votre compagnie. Votre humanité et votre gentillesse, souvent raillées dans le passé, seront saluées. N'hésitez pas à croire en votre intuition, votre créativité et vos rêves. Appuyez-vous sur vos planètes amies pour réaliser vos idéaux et faire émerger des aptitudes que vous ne soupçonniez pas. Et si certaines personnes vous trouvaient parfois étrange, c'est le moment de sortir de votre bulle, pour rêver à l'abri des mauvais esprits. Vous aurez toutes les opportunités pour briller et obtenir la confiance et le respect de votre entourage.
Mon conseil : *côté finances, attention à vos dépenses.*

Plénitude et quiétude, pour les deux derniers signes suivants :

TAUREAU

Les planètes vous protègent et vous apportent aide et complaisance. Vos projets aboutissent, l'harmonie vous entoure. Cependant, il faudra éviter de céder à la facilité et à la suffisance ; cela pourrait vous valoir une mauvaise surprise si vous êtes trop négligent concernant vos affaires et que vous ne prenez pas garde de mettre de l'ordre dans vos papiers administratifs. En fin d'année, ce sera le moment propice pour voir les choses en plus grand dans de nombreux domaines : que ce soient vos amours, votre argent, ou vos activités créatives.
Mon conseil : *poursuivez vos objectifs avec la ténacité qui vous caractérise.*

LION

Vous terminez 2024 dans une belle réussite ! Fier de vos actes et conscient que tous vos efforts et votre travail ont porté leurs fruits. Cette année sera excellente. N'hésitez pas à oser et à provoquer la chance. Les Lion sont généralement pleins de confiance et d'ambition. Mais, si naturellement vous avez déjà énormément confiance en vous, n'agissez pas à l'excès. Les planètes, bien disposées envers vous comme garde-fou, devraient veiller à ce que vos actions et vos comportements soient pondérés. En résumé, tout va bien !
Mon conseil : *utilisez cette belle autorité de chef de tribu pour rassembler votre famille.*

L'ARGENT : QUELS SIGNES ASTROLOGIQUES VONT S'ENRICHIR EN 2024 ?

L'année 2024 se révélera très chanceuse pour certains signes du zodiaque ! Cinq signes pourraient devenir riches sur l'année à venir, et bien remplir leur compte en banque.

En général, on récolte les bénéfices de ce que l'on a semé ! Que ce soit durant les mois précédents, voire les années passées. Mais rien n'est acquis sans effort. Pour s'enrichir, encore faut-il avoir mis en place ou saisi les opportunités qui se sont présentées et avoir su y répondre par une ouverture au monde, aux gens et aux relations qui dynamisent et font avancer. Le résultat est à ce prix : en valeur morale et en monnaie sonnante.
Bien sûr, s'enrichir, c'est gagner de grosses sommes d'argent par le travail, des emplois aux salaires importants, le démarrage d'entreprises bien pensées et structurées, mais aussi les héritages, ou encore les jeux de hasard… Il n'empêche, l'aide de **Jupiter**, la planète de la chance, va jouer un rôle primordial.

Voici, d'après mon ressenti médiumnique, les gagnants prioritaires :

TAUREAU

Vous serez le roi de l'investissement ! Et à tous les niveaux. Comme votre objectif est de réaliser toujours d'importants bénéfices, vous serez comblé. **C'est une chance formidable pour les financiers.** Nul doute que les actions en hausse feront votre bonheur, et vous ne les laisserez pas passer. Pour ceux qui sont en recherche d'emploi, ce sera le bon moment de développer vos talents professionnels, surtout en deuxième partie d'année, de juin à décembre. Une chose est sûre, la richesse sera à portée de mains ! Je vois l'immobilier assez présent : des achats ou des ventes. Même les moins fortunés auront envie de placer leurs économies dans un petit studio ou une maison à retaper. La bonne nouvelle est que les soucis financiers seront mineurs. Je vois même des engagements, des contrats qui seront signés afin de vous apporter une vraie sécurité. Votre nature entêtée ne vous fera rien lâcher. Aussi, attendez-vous à une rémunération croissante et à de belles rentrées sur les trois derniers mois de 2024.

Mon conseil : *si vous deviez faire face à des litiges à régler, vous aurez toutes les cartes en main. Et votre force de persuasion sera votre meilleure alliée afin d'obtenir le meilleur au niveau rentabilité.*

VIERGE

L'année qui vient sera riche en rebondissements et en argent ! Vous pourriez carrément aborder une nouvelle étape dans votre vie. Déjà, les portes vont s'ouvrir toutes seules, et les tiroirs caisses aussi. Comme vous gardez toujours les pieds sur terre et le sens des réalités en toutes occasions, les astres vont vous mener au succès au sein de votre carrière, et avec des rémunérations confortables. Et vous serez plutôt Vierge folle que Vierge sage. Je vous vois étonner votre entourage par votre aplomb et toute la patience nécessaire à la réalisation de vos projets. **Car votre vigilance sera payante.** La rentrée de septembre vous apportera « la proposition » que vous attendez depuis si longtemps, et que vous n'osiez plus espérer. Jupiter vous donnera toute la liberté d'esprit et d'efficacité qui vous manque parfois, afin de récolter les fruits de vos efforts. Les entrepreneurs auront

le vent en poupe, ainsi que les planètes à succès au-dessus de leur tête – surtout de mars à juillet. Votre sens de l'effort sera la garantie d'un véritable équilibre financier.
Mon conseil : *vous serez plein d'idées nouvelles. Gardez bien la communication facile et en prise avec la réalité auprès de vos collègues, car votre idéalisme vous portera vers des projets de grande envergure.*

BALANCE

Grâce à Jupiter, attendez-vous à recevoir une belle somme d'argent. Celle que vous n'attendiez pas, mais que vous espériez afin de réaliser un rêve qui est en vous depuis de longues années. Cette aisance financière débouchera sur l'obtention de gains importants. À vous qui êtes toujours en recherche d'harmonie, Jupiter va vous envoyer du feu dans votre signe d'air, et vous dynamiser durant toute l'année 2024. Succès garanti ! Votre popularité, votre assurance et votre notoriété en tireront tous les bénéfices. Vous afficherez de l'assurance lors des négociations financières, et vous saurez repérer les bonnes personnes pour conclure des partenariats fructueux et rentables. **Dès le printemps, c'est la fête au porte-monnaie !** Et durant l'été, vous ne vous refuserez rien. Pourquoi ne pas songer à travailler à votre compte, à prendre une franchise... La bonne nouvelle est qu'en 2024 votre signe d'air retombera sur ses pieds. Et je vois que vous aurez des facilités pour amortir vos finances et équilibrer votre budget. Profitez-en !
Mon conseil : *comme on va vous donner de nouvelles responsabilités et que vous aurez plus de liberté qu'à l'accoutumée, ce sera le moment d'optimiser vos gains, en étant audacieux financièrement.*

CANCER

Rendez-vous avec la gloire ! Vous allez gravir des échelons ; et, au milieu de l'été, vous saurez afficher vos intentions de réussite et l'envie d'arriver au sommet. Ah ces chers Cancer, si sensibles et émotifs, mais non dénués d'ambition ! De caractère et de pouvoir, s'ils sont reconnus et en confiance. Jupiter sera là pour vous dorloter et vous inonder de profits. **2024, c'est votre année.** Les mois d'été – dont juin et juillet, vos mois anniversaires – seront hautement productifs. Je vois des succès fulgurants et la possibilité non seulement de renflouer votre compte en banque, mais de mettre de côté de jolies sommes rondelettes, gagnées par votre travail et par vos efforts. Et peut-être aussi par le jeu. Le Cancer n'est pas chanceux habituellement, mais le ciel et les planètes ont décidé d'exaucer les vœux de ce signe d'eau, toujours bienveillant et protecteur, pour gâter sa famille et distribuer de l'argent aux personnes de son entourage. Je vois une opportunité qui va totalement changer votre carrière et votre statut social, grâce à de l'argent gagné ; et ce sera mérité. Vous pourrez même vous offrir le bien matériel dont vous rêvez.
Mon conseil : *comme vous aimez les défis, mais en œuvrant habilement, n'hésitez pas à entrer dans la compétition et à mettre tout en œuvre pour remporter la Palme d'or.*

LION

Une année de richesse et de bonheur... Pour vous qui êtes un signe de feu, Jupiter va vous surprendre sans crier gare, et là où vous ne vous y attendez pas ! Toutes vos initiatives seront couronnées de succès. **La chance est au-dessus de votre signe pour 2024.** Mais je ressens que vous devrez fournir des efforts pour bien gérer cet argent, qui va pleuvoir sur vos affaires, votre

carrière et vos entreprises, grâce aux planètes et, surtout, grâce à tous les investissements que vous avez su faire durant les années passées. Quelle que soit votre situation sociale, votre signe de feu, gouverné par le Soleil, aime capitaliser sur le succès et la gloire. À petite ou grande échelle ! Alors soyez heureux ; dès le mois de janvier, vos projets prennent corps et se concrétisent. Et l'argent en découle… Ce que vous avez semé porte ses fruits, votre sécurité financière se renforce, et vous aimerez tout autant mener vos projets qu'accompagner ceux de votre entourage. Vous multiplierez vos activités avec succès. Je vois les salariés d'entreprise augmenter leur salaire, et même des possibilités d'obtenir des postes de direction.
Mon conseil : *comme vous aimez faire augmenter vos revenus de manière continuelle, et que vous êtes très actif, il serait bien de vous entourer de personnes qui sauront gérer vos comptes et vos finances.*

Pour tous les autres signes, Jupiter ne les abandonne pas pour autant. À chacun d'entre vous de savoir profiter de ses largesses et de sa bienveillance planétaire.

BÉLIER

En 2024, la chance, déjà présente en 2023, ne vous quittera pas et se déplacera plutôt sur la sphère professionnelle. Ce sera le moment de vous épanouir dans ce secteur et de récolter côté finances.

GÉMEAUX

En 2024, Jupiter saura faire de vous le roi de l'organisation pour obtenir l'argent qui traîne, la résolution de papiers administratifs qui pourrait rapporter gros.

SCORPION

En 2024, vous devrez bien gérer votre capital et vos acquis de 2023 ; ce qui vous permettra d'obtenir des gains financiers assez importants, que vous utiliserez à bon escient pour équilibrer vos budgets.

SAGITTAIRE

Les voyages seront à l'honneur en 2024, aussi devrez-vous faire face à des dépenses imprévues. Mais, grâce à Jupiter, la planète qui vous gouverne, vous ne serez pas en danger financièrement.

CAPRICORNE

De la chance et de la nouveauté ! Jupiter, en passant par là, permettra le choix de contrats financiers que vous mettiez de côté jusqu'à présent, et qui rapporteront une belle rentabilité sur 2024.

VERSEAU

Votre grande intuition vous permettra de dénicher les bonnes affaires, et Jupiter favorisera la mise en valeur des projets les plus ambitieux. Il vous suffira, en 2024, d'en récolter les fruits.

POISSONS

Vous aurez de belles opportunités pour briller et obtenir la confiance de ceux qui vous entourent, côté carrière. Ainsi, Jupiter, en 2024, vous permettra de demander des augmentations de salaire ou de signer des contrats juteux.

QUELLE SAINT-VALENTIN POUR CHAQUE SIGNE EN 2024 ?

Voici mon ressenti du mois de février pour les signes marqués, plus ou moins, par l'amour, en cette année d'élévation de l'esprit.
Comment allez-vous vivre le jour le plus romantique de l'année ?
Ce 14 février 2024 sera-t-il mémorable ❤, ou non 💔 ?

BÉLIER ❤

Mon ressenti : les célibataires vont voir leurs rêves se réaliser. En couple, vous aurez envie de tester votre séduction ! Peut-être à l'extérieur de la maison, si votre partenaire n'est pas en admiration devant vous, afin de faire valoir votre charisme à qui saura l'apprécier. Attention aux conséquences !

Pour la Saint-Valentin

En couple, la complicité sera présente, et vous partagerez de nombreuses activités et jeux en amoureux. Célibataire, vous devriez faire une rencontre qui vous bouleversera, car votre charisme sera à son maximum !

TAUREAU ♉

Mon ressenti : ce n'est pas parce que vous désirez revoir votre façon de vivre que vous pourrez imposer un flot de nouveautés. Soyez plus souple, et prenez le temps de discuter avant de déclarer la révolution. Célibataire, vous serez exigeant dans vos recherches et ne craquerez pas facilement, même devant une personne séduisante.

Pour la Saint-Valentin

En couple, votre vie amoureuse ne sera pas vraiment tranquille ! Entre disputes et autoritarisme à l'excès, il faudra vous détendre pour engager une conversation sereine. Célibataire, vous serez plutôt casanier, et pas facile à séduire.

GÉMEAUX ♊

Mon ressenti : une réserve soudaine viendra vous envahir, et vous n'aurez plus envie de parler à quiconque, alors que la communication sera indispensable. Et vous devrez fournir des efforts pour ne pas décourager votre partenaire. Célibataire, vous serez casanier et afficherez une mine triste et désolée, réagissez !

Pour la Saint-Valentin

En couple, vous serez dans le mutisme – dommage ! Célibataire, vous pourriez faire une belle rencontre, qui s'inscrira dans la durée, si vous réussissez à trouver l'équilibre entre le professionnel et le privé.

CANCER ❤

Mon ressenti : en couple, les échanges seront sensuels et passionnés ; et ce sera un mois béni pour les célibataires. Vous aurez de fortes chances de faire une rencontre déterminante ; alors multipliez les sorties, et ouvrez votre cœur. Comme votre charme sera très remarqué, vous croulerez sous les propositions.

Pour la Saint-Valentin

En couple, vous sortirez le grand jeu et réinventerez les jeux de l'amour. Célibataire, vous vous enflammerez, et personne ne pourra résister à tant de charme et de charisme.

LION ❤

Mon ressenti : vous aurez tendance à agir en amour comme au travail ; ce qui vous jouera de mauvais tours ! Comme vous serez attiré par une relation difficile à gérer – que vous garderez secrète pour ne pas faire de vagues –, suivez le dicton qui incite à vivre caché pour être heureux, ou bien choisissez de vivre au grand jour en n'ayant rien à cacher.

Pour la Saint-Valentin

En couple, ce sera la fusion totale et le paradis sur terre. Attention aux débordements de la passion, si vous êtes trop exigeant avec votre partenaire. Célibataire, vous serez enclin à faire la fête et à vous amuser !

VIERGE ❤

Mon ressenti : l'amour va vous donner de la confiance, et vous permettre de vous surpasser dans le quotidien. Attention à votre franchise dans l'approche de l'autre, ne vous mettez pas dans des situations embarrassantes. Les célibataires, je les vois donner du fil à retordre à leur partenaire éventuel.

Pour la Saint-Valentin

Célibataire, vous voguerez de bras en bras, tel un aventurier avide de nouveautés et de sensations fortes. En couple, vous reprendrez le dialogue, et réussirez clairement à exprimer vos émotions, vos sentiments et vos désirs.

BALANCE ❤

Mon ressenti : votre charme agira tout le mois, et vous succomberez à l'amour ! Vous vous ferez remarquer constamment, que ce soit au bureau ou lors d'une soirée. Prudence, une ancienne conquête pourrait resurgir et chercher à rallumer la flamme d'un amour passé. Si vous êtes célibataire, réfléchissez avant de vous engager.

Pour la Saint-Valentin

En vraie star, vous attirerez tous les regards. En couple, gare aux crises de jalousie de votre partenaire, qui ne verra pas d'un très bon œil cette exubérance admirative. Célibataire, bienvenue au royaume des amours éphémères !

SCORPION ❤

Mon ressenti : vous en ferez peut-être un peu trop ! Et vous aurez tendance à vous mettre en avant et à faire valoir vos qualités auprès du plus grand nombre. Alors, en couple, gare à l'excès de confiance. Je vous conseille de revenir à la réalité et de redescendre du piédestal sur lequel vous vous êtes mis tout seul.

Pour la Saint-Valentin

En couple, vous sortirez pour roucouler en amoureux. Célibataire, vous aurez l'art et la manière d'arriver à vos fins, et vous serez très porté sur les plaisirs de la chair, avec une imagination débordante que votre partenaire appréciera.

SAGITTAIRE 💔 ❤

Mon ressenti : les unions récentes seront touchées par l'incompréhension qui pourrait conduire à une rupture. Seuls les couples solides et de longue date ne subiront aucune influence néfaste de la part des astres. Au contraire, ils découvriront des jeux amoureux et chercheront à déployer des trésors d'imagination.

Pour la Saint-Valentin

C'est le moment de faire des bébés, pour les couples qui nageront dans des vagues de tendresse et d'amour. Célibataire, vous serez d'un romantisme propice aux rencontres et aux liens durables.

CAPRICORNE ❤ 👎

Mon ressenti : célibataire, vous pourrez ouvrir votre cœur spontanément à la personne qui vous plaît – allez-y, le ciel est avec vous ! En couple, vous oserez dévoiler votre personnalité, et cela sera bien accueilli, mais ne faites pas en sorte que tous les sujets de conversation tournent au débat.

Pour la Saint-Valentin

En couple ou célibataire, vous serez pris d'un nouveau feu, déployant des trésors d'imagination pour pimenter votre relation, mais vous changerez d'humeur sans que l'on sache vraiment pourquoi.

VERSEAU ❤

Mon ressenti : vous oserez parler de vos soucis avec votre entourage. Comme vous sortirez de votre réserve et des silences de ces derniers mois, on vous en saura gré. Célibataire, vous irez vers les autres avec une bonne humeur et un humour désarmant.

Pour la Saint-Valentin

Célibataire, votre charme provoquera des émeutes ! En couple, vous passerez de longs moments à discuter et à faire le point sur votre relation. Ce sera très positif, car vous pourrez mettre à plat vos frustrations et vos désirs.

POISSONS

Mon ressenti : vous allez faire des étincelles, et vos relations dépendront beaucoup de la tolérance de votre partenaire à supporter vos excès, comme vous ne ferez pas dans la demi-mesure. Néanmoins, vos amis ne pourront se passer de vous, car votre sens de la fête sera vivement apprécié.

Pour la Saint-Valentin

Célibataire, attention de ne pas lâcher la proie pour l'ombre ! En couple, vous serez un peu trop autoritaire envers votre partenaire, qui n'aura plus beaucoup d'espace pour respirer. Mais vous reprendrez vite votre rôle tout en séduction.

LE 6E SENS : COMMENT APPRENDRE À BIEN L'UTILISER EN 2024 ?

Chacun des 12 signes du zodiaque possède son propre 6e sens. Apprendre à bien l'utiliser peut-il être gage de succès et de réussite ? Assurément !
Voici le mode d'emploi, à partir de votre portrait, pour découvrir le médium qui est en vous.

On dit de ceux qui ont du succès qu'ils ont de la chance ! Et si ces personnes savaient surtout lire les signes que leur envoie leur intuition pour choisir une voie plutôt qu'une autre ? Oui, notre 6e sens nous guide vers le meilleur, à condition de savoir l'écouter. En décodant les symboles intuitifs, vous obtiendrez des réponses à vos questions, et vous serez à même de faire des choix et de trouver des solutions.

Est-ce que l'on peut, soi-même, reconnaître son 6e sens ? Oui, car nous avons tous un 6e sens. Le tout est de reconnaître les messages qui vous sont adressés. Faites l'expérience : vous souhaitez savoir si vous avez un avenir avec une personne ? Concentrez-vous. Vous ressentez du froid, vous visualisez du sombre, une aura noire ou grise : la réponse est négative. À l'inverse, le soleil apparaît, une douce chaleur vous envahit, l'aura est nimbée de lumière : la réponse est positive. Ainsi, selon votre questionnement de vie, observez la température de votre corps, les images qui se présentent, les odeurs, les couleurs... Votre œil va s'aiguiser ; votre corps, vibrer ; et votre mental, parler.

BÉLIER

Votre portrait : vous agissez souvent avec impulsivité et vivez le moment présent avec intensité. Pour autant, vos intuitions se révèlent plutôt justes, même si parfois, vous devriez tempérer vos prises de décision. Épicurien dans l'âme, la passion anime chacune de vos activités et c'est elle qui prédomine. C'est pourquoi vous agissez avant de réfléchir, mais **avec la grâce de vous fier à votre intuition qui vous trompe rarement**. Ce n'est pas un stratagème de votre part, mais la réaction d'un guerrier qui fonce dans le tas, avec une détermination sans faille et une volonté exemplaire.

Mon analyse pour 2024

Le 6e sens du Bélier est vif, spontané et très développé, car il est empreint d'énergie mentale. C'est le roi des rêves prémonitoires ! Ses intuitions lui apportent beaucoup de vérité sur les choses et les gens. Accordez-vous des moments de repos pour évacuer les tensions nerveuses, vos élans impulsifs, et canaliser votre trop-plein d'énergie.

TAUREAU

Votre portrait : vous possédez le sens de la famille et de la transmission, et vous avez à cœur de vous épanouir au milieu des vôtres. Bon vivant, jovial et enthousiaste, vous êtes apprécié et toujours bien entouré. Votre personnalité attire la sympathie, et le travail est pour vous une source d'enrichissement personnel, car vous aimez le confort, les biens matériels. Cependant, vous recherchez la sécurité affective ! D'où un souci côté intuition, car vous n'avez pas toujours de chance, et vous rencontrez beaucoup d'obstacles avant d'arriver à vos fins. Vos intuitions ne sont pas évidentes, parce que vous êtes trop connecté à la terre.

Mon analyse pour 2024

Comme vous êtes très intuitif sur les mauvaises ondes qui se dégagent des personnes qui gravitent autour de vous, si l'on cherche à vous faire du mal, une alarme se déclenche et vous fait réagir. Et vous foncez, tel un taureau ! Votre 6e sens se développe lorsque vous empruntez la mauvaise voie. Aussi, faites-lui – et faites-vous – confiance, n'ayez pas peur de tout chambouler.

GÉMEAUX

Votre portrait : intelligent et curieux, vous avez l'art de vous adapter à n'importe quelle situation. Entreprenant, enthousiaste, vous élaborez constamment de nouveaux projets, mais que vous abandonnez hélas aussi vite que vous les imaginez. Vous allez rarement au bout de vos aspirations. **Et pourtant, vous possédez un bon 6e sens ; alors écoutez-le !** Arrêtez de raisonner et de vous laisser embarquer dans ce besoin perpétuel d'être aimé, protégé et entouré, pour chasser votre angoisse et cerner ce que l'on attend de vous en retour.

Mon analyse pour 2024

Les personnes nées sous le signe des Gémeaux ne sont pas vraiment parmi les plus chanceuses du zodiaque. Toutefois, elles restent fortes, curieuses et avides de sensations nouvelles. Faites confiance à votre intuition et aux pressentiments qui nourrissent vos rêves. Écoutez-vous et astreignez-vous à des moments de solitude pour vous concentrer sur votre 6e sens, il est excellent !

CANCER

Votre portrait : de l'énergie à revendre, une sacrée personnalité, un tempérament bien trempé. Les Cancer sont des séducteurs, rêveurs et idéalistes, souvent insatisfaits, à vouloir placer la barre très haut. Vous êtes plein de contradictions, car vous préférez dissimuler la réalité pour ne pas avoir à l'affronter. Mais vous faites partie des signes les plus chanceux. Cela ne veut pas dire que la vie ne vous joue pas des tours ! **Cependant, votre instinct inné vous permet de prendre la bonne direction afin de suivre la voie souhaitée.** Sensibles et à l'écoute de votre bonne étoile, celle-ci provoque la chance.

Mon analyse pour 2024

Grâce à son 6e sens, le Cancer comprend les sentiments les plus profonds des gens, avant même que ceux-ci en soient conscients.

C'est un signe qui sent les choses, qui communique avec l'esprit des êtres qui l'entourent – présents ou appartenant au passé, les ancêtres. Ne changez rien ! Continuez à communiquer avec l'univers, surtout les nuits de nouvelle lune, votre planète amie.

LION

Votre portrait : personnalité haute en couleur, charismatique et volontaire. Vous êtes pétri de sens critique et doté d'une détermination qui mène toujours sur les chemins de la réussite ; vous n'avez pas vraiment besoin de chance pour réussir dans la vie. **Avec votre caractère imposant, l'intuition ne fait pas partie des priorités de votre signe.** Car vous aimez briller, et vous ne sortez les griffes qu'en cas de danger – ce qui arrive rarement. Vous oubliez souvent ce que vous ressentez. Ce qui apparaît comme une prémonition, vous la maîtrisez de main de maître !

Mon analyse pour 2024

Tellement habitué à être maître de son destin, qu'il sculpte comme il le souhaite, le Lion oublie les porte-bonheur. Son intelligence, son pouvoir psychique et sa capacité à agir lui font zapper les messages qui lui sont envoyés. D'où l'importance de mettre de côté son égocentrisme, et de s'attarder à écouter les signaux du cœur et des rêves, afin de gagner en humanité.

VIERGE

Votre portrait : sage et discret en apparence, vous êtes souvent tiraillé entre votre sens du devoir et de la famille qui peut aller jusqu'au dévouement, alors que l'envie de vivre des aventures hors du commun et des sensations fortes vous poursuit toute votre vie ! Il est vrai que la raison prime souvent sur vos sentiments, et la chance n'est pratiquement jamais de votre côté. **Votre 6e sens se vit dans le retrait, car, si une intuition apparaît, vous ne la suivez pas**. Cependant, les Vierge ont une grande capacité à peser le pour et le contre, et à trouver des solutions aux problèmes divers.

Mon analyse pour 2024

Votre 6e sens est inné ! À force d'analyser toutes les situations, vous comprenez ce que l'autre souhaite, sans qu'il ait à l'exprimer. Faites en sorte de développer votre intuition, en laissant de côté votre esprit analytique. Accueillez vos sensations, afin d'améliorer vos relations. Calmez votre esprit, et faites place à l'exubérance qui vous attire tellement en secret.

BALANCE

Votre portrait : optimiste éternel, vous obtenez toujours ce que vous voulez dans la vie ! En phase avec la beauté et le monde imaginaire, les natifs de la Balance font en sorte de se déconnecter un peu de ce qu'il se passe dans la réalité. Ce signe fait partie des signes du zodiaque les plus chanceux, surtout en amour. **Leurs intuitions sont peu utilisées, car, au lieu d'écouter leur voix intérieure, ils préfèrent vivre dans le présent.** À quoi bon prévoir ? Vous êtes connecté à profiter de la vie et de ses plaisirs, et qu'importe si l'univers vous fait signe.

Mon analyse pour 2024

Comme vous recherchez en permanence l'harmonie et que votre priorité est de fuir les conflits, ne négligez pas votre 6e sens, qui va vous permettre de prévoir les choses avant qu'elles ne bousculent votre vie et vous déstabilisent. Recherchez des moments à vous. Privilégiez la solitude, pour bien vous concentrer ; c'est dans l'immobilisme de l'esprit que tout se déclenchera.

SCORPION

Votre portrait : votre personnalité est charismatique, vous parlez haut et fort et cela peut vous desservir lorsque vous faites fi de l'avis des autres. Vous êtes un personnage entier, possédant de nombreuses qualités, pas toujours en mesure de les exploiter ; et vous êtes capable du pire comme du meilleur. Mais, quelle que soit la situation, vous renaissez toujours de vos cendres avec une énergie hors du commun. **Une chose est sûre, votre 6e sens est le plus développé du zodiaque !** Vous avez la capacité de savoir ce que les autres ressentent, et la clairvoyance de ce qu'il va se passer. Les Scorpion ont souvent tendance à voir le mauvais côté des choses, mais ce sont des personnes chanceuses et mystiques.

Mon analyse pour 2024

Privilégiez les moments d'intimité, et n'essayez pas de faire taire votre 6e sens. Votre goût pour les sciences occultes et pour l'au-delà développera votre 6e sens, auquel vous pouvez toujours faire confiance. D'autant plus que votre intelligence et votre charisme renforcent la profondeur de vos facultés à jouer de votre charme pour obtenir ce que vous souhaitez.

SAGITTAIRE

Votre portrait : vous êtes un être fantasque, un aventurier éperdu, à la recherche d'exotisme et de lointains horizons. Et le monde n'est pas assez grand pour assouvir votre curiosité et votre besoin d'expansion. **Jovial, chaleureux, le Sagittaire est réputé pour avoir de la chance, grâce à son 6e sens et à Jupiter, la planète amie !** Celle-ci enclenche à son égard une méthode de survie pour encore mieux le sortir de tous les problèmes auxquels il se heurte. Avec cette chance insolente, vous sortez toujours indemne de toutes les situations.

Mon analyse pour 2024

Le Sagittaire sent les choses, surtout ce qu'on lui cache ou ce que les autres pensent. Ses intuitions surviennent dans les moments les plus critiques, lorsqu'il sent le danger ou que de mauvaises intentions le concernent. Continuez à cultiver vos ondes positives, qui vous caractérisent et vous rendent heureux, car elles contribuent à vous protéger et à activer votre 6e sens.

CAPRICORNE

Votre portrait : vous êtes un être difficile à comprendre. Vous avez le sens des valeurs, du travail bien fait, de l'organisation pour arriver à vos fins, et vous ne supportez pas que les choses ou les gens vous résistent ! Les Capricorne sont des leaders qui ont de la chance dans leur carrière professionnelle, car ce sont de vrais guerriers. **Votre signe de terre, si réaliste, vit beaucoup de ses intuitions, mais à condition de leur faire confiance.** D'autant plus que votre profonde sagesse vous fait avancer dans la vie de manière intelligente et réfléchie.

Mon analyse pour 2024

Comme vous ne supportez pas de vous laisser influencer, vous négligez trop souvent d'écouter votre 6e sens – toujours présent à repousser les mauvaises affaires ou les gens vénaux, voire nébuleux. Soyez plus humble, et acceptez d'écouter votre voix intérieure. Elle provient de votre vieille âme, qui vous encourage à faire confiance – aux autres et à vous-même !

VERSEAU

Votre portrait : voilà un signe auquel la chance sourit rarement. Et pourtant, vous êtes de vrais combattants qui arrivent toujours à garder les pieds sur terre et qui s'en sortent très bien, car votre sixième sens vous caractérise bel et bien, amis Verseau. **Vos intuitions sur les gens et les choses de la vie sont souvent justes.** Mais l'idéaliste et l'humaniste que vous êtes, et qui s'emploie à œuvrer pour le plus grand nombre, ne se soucie pas trop des répercussions de ses actes. Votre compréhension très fine de l'univers doit vous pousser à sortir de votre bulle et à écouter votre ressenti – c'est la clé de votre avenir.

Mon analyse pour 2024

Avec votre volonté farouche d'indépendance, difficile de vous enfermer dans un carcan, car vous proclamez – de manière discrète mais ferme – un besoin viscéral d'un espace rien que pour vous ! Certes, il faut respecter votre intimité sous peine de vous voir vous envoler, mais, pour votre épanouissement personnel, faites confiance aux messages sages que l'on vous envoie.

POISSONS

Votre portrait : l'un des signes les plus intuitifs du zodiaque ! Mais au 6e sens très psychique. Vous êtes un être insaisissable, toujours entre deux eaux, avec une difficulté à vous ancrer dans la réalité, surtout lorsqu'elle n'est pas à la mesure de vos aspirations. Spirituel, mystique, toujours entre ciel et terre, en quête d'absolu, de fusion avec l'univers, vous êtes doté d'une intuition hors pair. Et c'est grâce à vos antennes que vous arrivez à vous sortir des situations scabreuses. Sans cesse, vous devrez aller contre votre nature pour vous adapter au monde qui vous entoure et vous réaliser pleinement.

Mon analyse pour 2024

Idéaliste jusqu'à l'extrême, vous subissez de nombreuses déceptions tout au long de votre vie, car vous confondez souvent vos prémonitions avec vos fantasmes. Très talentueux, même si vous manquez de confiance en vous, faites en sorte de choisir des domaines dans lesquels vos qualités vont exceller. Votre supplément d'âme fera le reste.

L'ANIMAL-TOTEM : QUEL EMBLÈME PROTECTEUR ET GUIDE SPIRITUEL POUR 2024 ?

Chaque signe astrologique a un animal-totem, qui symbolise un lien fort avec les instincts ! Ce guide spirituel, présent sous la forme d'un animal, différent selon notre signe zodiacal, permet de mieux appréhender et comprendre le monde qui nous entoure.

Découvrez les 12 animaux-totems de l'astrologie chamanique. Entre forces, faiblesses et traits de caractère dominants, chaque animal-totem se révélera l'outil idéal des relations harmonieuses – avec les autres et avec soi-même.

Voici mon analyse de médium et mon conseil pour mieux utiliser votre animal-totem en 2024.

BÉLIER
LE FAUCON

Symbole de puissance comme votre animal-totem, vous êtes un fonceur. **Messager de l'esprit, concentration, initiative, intuition, vision claire.**

Mon analyse : vous êtes avant tout l'oiseau majestueux qui aime briller en société et toujours en quête de reconnaissance. Habitué à survoler les grands espaces en vainqueur, vous êtes attiré par les postes de pouvoir, là où votre intelligence fait grande impression. Comme le faucon, votre animal-totem, se caractérise par sa pugnacité et son charme sauvage, tout va bien pour vous !

En 2024 : *attention à savoir maîtriser votre nervosité et votre exigence, qui pourraient vous desservir.*

TAUREAU
LE CASTOR

Travailleur comme votre animal-totem, vous êtes généreux. **Purification, renaissance, fertilité, transformation, sagesse.**

Mon analyse : votre animal-totem, le castor, est un bâtisseur qui a le réel pouvoir de modifier son environnement. Comme lui, vous adorez avancer, évoluer, mettre en place des projets. Il y a quelque chose de magnifique en vous, et vous attirez les gens par votre regard et cette soif à construire l'amour – le moteur de votre vie ! Vous ne laissez personne indifférent, et on vous jalouse souvent, tant votre charme est atypique. Mais aussi dominateur.

En 2024 : *ne soyez pas trop possessif, et pensez à laisser aux autres un espace vital, pour ne pas les étouffer.*

GÉMEAUX
LE CERF

Symbole de légèreté comme votre animal-totem, vous êtes un grand communicant. **Motivation, fougue, détermination, majesté, bienveillance.**

Mon analyse : votre animal-totem, plein d'énergie positive, vous envoie des messages de douceur pour vous permettre de vous reconnecter à votre enfant intérieur, et à cette innocence qui fait de vous l'adolescent du zodiaque ! Le cerf vous rappelle ainsi qu'il faut être doux avec vous-même et avec autrui. Pour autant, ses cornes majestueuses représentent une défense vis-à-vis des autres.

En 2024 : *veillez à trancher et à imposer vos choix. Voilà le message pour neutraliser le sentiment d'insécurité qui vous habite.*

CANCER
LE PIVERT

Symbole de protection comme votre animal-totem, vous êtes très famille. **Joie de vivre, humour, indépendance, résilience.**

Mon analyse : votre maison est votre royaume ! Votre animal-totem, le pivert, est un oiseau vif, gai et insouciant, associé à la joie de vivre et à la flamboyance de l'été. Et c'est un animal fidèle. Vous avez un don pour élever les enfants, en leur offrant le meilleur, afin de développer leur potentiel. Et vous savez cultiver l'amitié et l'amour avec fidélité, si l'on a su vous conquérir.

En 2024 : *bien sûr, vous pourriez être lunatique et rêveur, mais pensez à toujours gâter vos proches, en étant le petit chef de votre tribu.*

LION
LE SAUMON

Symbole d'énergie comme votre animal-totem, vous suscitez l'admiration. **Patience, réceptivité, créativité, ombre, destinée.**

Mon analyse : votre animal-totem, le saumon, est un symbole de fertilité et de sacrifice. Ses qualités ? Rayonnant et capable de s'adapter avec confiance aux situations délicates. Vous êtes fier, énergique et généreux. Votre aptitude à entreprendre et à réaliser plusieurs choses en même temps vous offre de belles occasions de nouveauté, que vous saisissez avec enthousiasme. Vous êtes aussi insatiable, entêté et exigeant !

En 2024 : *en acquérant plus de souplesse, vous parviendrez sans nul doute à remonter et redescendre la rivière sans perdre toutes vos forces.*

VIERGE
L'OURS BRUN

Symbole de solitude comme votre animal-totem, vous impressionnez ! **Force, confiance, solitude, calme, repos.**

Mon analyse : l'ours représente cette forme de tendresse qui donne envie de se réfugier dans ses bras rassurants et réconfortants. Il est fiable ! Son habitude de solitude au cœur de la nature a su le rendre patient pour atteindre ses objectifs. Aussi, grâce à votre animal-totem, on peut avoir confiance, apprécier votre sérieux ainsi que votre modestie, et une forme d'humilité à bon escient qui vous rend attachant.

En 2024 : *continuez à impressionner vos semblables, mais comme vous savez le faire, en n'étant pas pour autant dénué de chaleur humaine.*

BALANCE
LE CORBEAU

Symbole d'équilibre comme votre animal-totem, vous jouez un rôle d'intermédiaire. **Magie de la vie, destin, intelligence, adaptabilité, manipulation.**

Mon analyse : vous êtes doté de dons de prophétie ! La spiritualité fait partie de votre vie. Vous adorez discuter, jusqu'à pas d'heure, des grands sujets idéologiques. Votre idéal ? Être au cœur des choses et des gens. Si votre animal-totem – le corbeau – se veut symbole de paix, de sociabilité et de solidarité (ce que vous réussissez à être), vous êtes aussi querelleur, indécis, tête en l'air, et bavard.

En 2024 : *essayez de moins parader pour impressionner, et cultivez une forme d'indépendance, pour mieux vous porter et vous retrouver.*

SCORPION
LE SERPENT

Symbole de renaissance comme votre animal-totem, vous êtes doté d'une grande spiritualité. **Opportunité, transformation, force de vie, énergie primale, guide spirituel.**

Mon analyse : le serpent rampant sur la terre vous aide à garder vos deux pieds bien ancrés sur le sol, et à entretenir en vous vos capacités à guérir, grâce à l'énergie de la terre et de la nature. Parce que vous symbolisez le renouvellement, vous faites en sorte de sublimer votre développement personnel dans les moments de mue et de transition.

En 2024 : *parce que vous représentez la force de vie, vous devrez être attentif à la manière dont vous allez dépenser votre énergie.*

SAGITTAIRE
LA CHOUETTE

Symbole de raison comme votre animal-totem, vous aimez être dans la mouvance. **Intuition, sagesse, vision de l'invisible, monde spirituel, annonce de changement.**

Mon analyse : la chouette, votre animal-totem, est l'incarnation de la clairvoyance, de l'occulte et du caché. Vos points forts ? Un mode de vie particulier entre observation et chasse, et surtout un regard immense et lumineux capable de voir de jour comme de nuit. Lucide, aventurier et clairvoyant, vous avez la faculté de voir ce qui échappe aux autres et d'en profiter de belle manière.

En 2024 : *entre l'ombre et la lumière, vos choix de vie détermineront votre empathie ou votre indifférence.*

CAPRICORNE
L'OIE DES NEIGES

Symbole de ténacité comme votre animal-totem, vous atteignez vos objectifs. **Souveraineté, lenteur, persévérance, stabilité, sagesse.**

Mon analyse : l'oie, symbole de blancheur, évoque la pureté et la sobriété. Mais ne vous y trompez pas, elle est aussi une championne de l'organisation et de la persévérance. À l'image de votre animal-totem, vous êtes têtu et obstiné, épris autant d'esthétisme, de décoration, de mode que d'engagement sérieux. Si vous avez une idée en tête, vous la poursuivez avec acharnement et aveuglément, sans modifier avis, réflexion ou jugement.

En 2024 : *attention à ne pas oublier l'essentiel : le temps qui passe. Profitez des instants présents !*

VERSEAU
LA LOUTRE

Symbole d'indépendance comme votre animal-totem, vous tenez à votre liberté. **Sociabilité, indépendance, esprit d'aventure, courage, curiosité.**

Mon analyse : le plaisir, la vie en groupe, la fête avec les autres – voilà ce que symbolise votre animal-totem, la loutre. Mais elle est aussi de nature méfiante. Il n'empêche que vous débordez d'un enthousiasme communicatif. En revanche, votre côté un peu égoïste, individualiste et imprévisible peut déranger vos proches, même si votre fantaisie les séduit.

En 2024 : *votre épanouissement demandera à vous positionner dans l'équilibre entre désir contradictoire de vous mêler aux autres et de rester indépendant.*

POISSONS
LE LOUP

Symbole d'hypersensibilité comme votre animal-totem, vous possédez une grande intuition. **Intelligence vive, appétit de liberté, connexion instinctive, sentiment de menace.**

Mon analyse : chez vous, c'est l'instinct qui prime ! Une personne avec le totem du loup écoute toujours son intuition ; c'est ce qui la rend vivante et active. Mais le loup est aussi un prédateur, et l'aspect négatif de sa personnalité peut l'emporter et donner ce manque de confiance envers les autres et dans ses propres sentiments. Sa grande qualité ? Ne devenir menaçant et impulsif que s'il est en danger ou s'il veut protéger les siens.

En 2024 : *fiez-vous à votre caractère solitaire et à votre goût de la liberté. Le sauvage qui est en vous saura toujours jauger les situations pour en sortir vainqueur.*

3

MÉDIUMNITÉ KARMIQUE, NUMÉROLOGIE, ASTROLOGIE...

J'ai souhaité clore ce livre avec les talents de personnes qui apportent leur ressenti divinatoire, et que j'ai reçues, pour certaines, lors de mes émissions sur ma chaîne LCV. Ainsi, Frédérique Pétorin-Brossais, médium couleurs et karmathérapeute, intervient sur les couleurs de 2024 ; Alexandra Gabriel, numérologue, nous annonce ce qu'il va se passer en 2024, à partir des nombres et des chiffres ; et Muriel Siron, astrologue de profession, apporte son savoir-faire et ses calculs scientifiques au cœur des planètes pour la durée de cette année 2024.

PRÉDICTIONS ET MANTRAS 2024

PAR FRÉDÉRIQUE PÉTORIN-BROSSAIS

Mes prédictions se basent sur les tirages couleurs : en aucun cas elles ne sont l'expression de mes opinions personnelles. Les couleurs véhiculent une vibration, un message subliminal intuitif que j'utilise depuis douze ans dans mon métier, et qui est mon « tarot couleurs », comme d'autres personnes utilisent le tarot classique.

2024 : UNE ANNÉE ARC-EN-CIEL !

2024 est une année qui convoque la conscience des chakras, nos centres énergétiques.
On ne pourra plus faire sans la conscience des énergies. Nous avons un corps relié à des centres énergétiques ; et, même si nous ne connaissons pas ces domaines, cette année nous invite à le faire. Nous ne pouvons plus fonctionner uniquement en 3D, en trois dimensions. Il est conseillé d'élargir notre champ de compréhension à la 5D, la cinquième dimension. Une conscience

du visible et une conscience de l'invisible, qui fonctionnent ensemble pour notre équilibre global.

Nous devons garder notre cap, notre autorité et notre guidance personnelle dans tous les aspects de notre vie. Il y aura un sentiment d'élévation spirituelle et de sévérité mélangées. Si vous choisissez de changer de direction, il faudra vous y tenir, poser des règles et les suivre. Nous pouvons nous sentir seuls dans cette posture de centrage profond, mais c'est à ce prix que nous pouvons évoluer. Il y aura aussi la formation de groupes qui se fédèrent pour servir des actions humanitaires et sociales, avec un guide meneur. Cela parle de confrontation aussi dans les mouvements politiques.

L'année dernière, 2023, nous demandait de rectifier notre alimentation pour exaucer nos vœux. Je vois ici une belle continuité, car, quand notre être est nourri avec des apports sains et vivants, nos chakras sont en meilleure santé et nous le rendent bien. Notre horloge biologique nous réclame un ajustement alimentaire. Les comportements d'achat vont continuer à changer, pour certaines personnes. Je vois que cette prise de conscience va s'étendre au-delà du corps humain et s'exprimer dans l'agriculture adaptée, dans la mise en pratique de cultures plus saines pour notre planète. Cela va se multiplier au travers des initiatives individuelles qui vont devenir collectives. Même si cela représente une goutte d'eau dans l'océan, le modèle écologique est en marche.

En 2024, les illusions tombent, et les personnes vont avoir de plus en plus envie de trouver leur juste place. Elles vont chercher à se reconvertir, mais de manière responsable et lucide. En majorité, il s'agit des femmes, mais aussi de certains hommes qui laissent exprimer leurs souffrances intérieures, car ils les écoutent. À ce titre, de nombreux ateliers thérapeutiques pour hommes vont voir le jour, par bouche-à-oreille ; les thérapies sérieuses vont accompagner les hommes et les femmes blessés.

Le bas astral et l'ego négatif vont être balayés ! En partie par certaines mises en lumière de pratiques peu scrupuleuses sous diverses formes : des ateliers dits « tantra », avec des énergies de prédation énergétique ; des pratiques dites « spirituelles », avec des protocoles électrons libres sans systémie. Un ménage va s'opérer pour dissoudre toute velléité de pouvoir égotique mal intentionné, au travers de protocoles et de pratiques « sauvages ».

La volonté de trouver SA place va s'affirmer de plus en plus. On ne cherchera plus à sauver l'autre ou à être sauvé par l'autre. Que ce soit dans la vie de couple ou dans le travail, pour certaines personnes, les occasions seront données de prendre leur indépendance, de créer une activité, à condition de le faire de manière responsable et lucide. Il est question de trouver les ressources en soi pour vivre SA légende personnelle, sans rester dans la posture d'admirer l'autre et de ne pas prendre sa place.

L'autorité du gouvernement sera contestée par des groupes de personnes qui ne lâcheront rien ! Autorité contre autorité ! Toute l'année 2024 verra des bras de fer s'exprimer pour défendre des causes humaines et écologiques.
Le féminin blessé sera mis à l'honneur. Des protections des êtres ascensionnés et des guides divins seront à l'œuvre pour permettre aux femmes de prendre conscience de leur condition bafouée et de leur étau sociétal souffrant. Il ne s'agit pas seulement du mouvement #metoo, mais d'un ensemble de mouvements qui vont montrer le souhait des femmes de se guérir et de se rapprocher de l'homme.

Les groupes de thérapie au masculin vont aider à ce ralliement. Ce n'est qu'un début très timide, mais la nouvelle génération évolue tout doucement vers cette nouvelle conscience de parité. Le film *Je verrai toujours vos visages*, de Jeanne Herry, le montre.

En effet, « depuis 2014, en France, la justice restaurative propose à des personnes victimes et auteurs d'infractions de dialoguer dans des dispositifs sécurisés, encadrés par des professionnels et des bénévoles ».

Les blessures du féminin concernent aussi les hommes. Quand ils cherchent à aller mieux et à s'écouter, ils sont déjà à l'endroit de leur « féminin ». Et, dans les thérapies, les hommes commencent à prendre conscience de leurs blessures. Ce qui les aide à mieux considérer la femme.
En parallèle, je vois aussi un pouvoir rigide qui impose son autoritarisme. Que ce soit au niveau du gouvernement ou dans des entités indépendantes, le violet est fort ! Sans être alarmiste, il y a une réelle confrontation des oppositions à tous les niveaux qui va grandir. La gauche contre la droite, les extrêmes. Les banlieues aussi vont vivre des prises d'autorité de bandes ; il y aura de la rigidité, des règlements de compte, des sanctions fortes, des émeutes.

En résumé, une année puissante, forte, où les couleurs sont tranchées avec l'arc-en-ciel. Ces couleurs nous demandent de nous mobiliser sur **les énergies**, le cap à tenir, la maîtrise et **la capacité à nous diriger** nous-mêmes. D'une certaine manière, nous prenons conscience du fait que nous devons être lucides **sur notre indépendance et notre responsabilité** ! Nous devons regarder en face nos blessures, et accepter de nous en occuper. **Chacun à son niveau devient plus apte à gérer sa place, à prendre les commandes de sa vie.**

Je vous propose des mantras pour chaque mois de 2024. Ce sont des phrases spécifiques, à haute teneur vibratoire, que vous pourrez lire ou prononcer afin de créer des ondes de forme énergétiques harmonisantes, pour vous accompagner et vous soutenir dès que vous en sentirez le besoin. Il est conseillé de les dire à haute voix, debout, avec une bougie allumée.

LES MANTRAS 2024

JANVIER : VIOLET

Moi, [votre prénom], je me réalise dans une activité qui me correspond. Je fais confiance aux signes de l'univers pour dissoudre les pièges de mon mental. Je prends conscience de mes addictions, et je visualise un cordon entre moi et mes conditionnements, afin de me nettoyer, avec grâce et facilité. Merci, merci, merci.

FÉVRIER : ROSE FUCHSIA

Moi, [votre prénom], je suis aimé et protégé par l'amour du divin, pour voir la maltraitance en moi et à l'extérieur de moi. J'effectue un travail de pardon conscient pour moi et pour les autres. Je prends ma vraie place, et je l'assume. Cela agit sur mon aura, avec grâce et facilité. Merci, merci, merci.

MARS : ROUGE COQUELICOT

Moi, [votre prénom], je suis autonome et ancré. Je m'occupe de mon bien-être et je prends soin de ma santé. Je me rends compte que je subis un ego négatif qui m'illusionne, et je choisis de me libérer du karma bloqué. Je visualise un cordon entre moi et mes fantasmes, pour les dissoudre, avec grâce et facilité. Merci, merci, merci.

AVRIL : BLEU TURQUOISE

Moi, [votre prénom], je me connecte à la Source, et je demande la guérison et tel vœu à exaucer. J'accepte de m'être trompé et d'avoir été dirigé par mon mental. Je reconnais ne pas être dans la réelle place qui m'est destinée. Je visualise un cordon entre moi et ma vraie place, et je nettoie les mensonges de mon mental et de mon entourage, avec grâce et facilité. Merci, merci, merci.

MAI : ORANGE

Moi, [votre prénom], je me mets en relation avec mon enfant intérieur. J'accepte ma mutation puissante et concrète. Je prends conscience de devoir libérer des blocages en lien avec mon karma. Je porte attention à mes chakras par des soins énergétiques et une bonne alimentation. Merci, merci, merci.

JUIN : BLEU CIEL

Moi, [votre prénom], j'écoute mes secrets, et prends soin de ma peau et de ma santé. Je suis lucide et analyse le pour et le contre de ma situation. J'accepte de reproduire des scénarios inconscients en lien avec du karma. Je visualise un cordon entre moi et une relation toxique, et je nettoie en faisant circuler un faisceau arc-en-ciel, avec grâce et facilité. Merci, merci, merci.

JUILLET : ROSE CHAIR

Moi, [votre prénom], je m'ouvre à la connexion d'amour inconditionnel des êtres de lumière. Je m'offre des soins de bien-être cocooning pour ma peau. J'accepte mes blessures en lien avec ma lignée familiale masculine souffrante. Le karma se libère. Je visualise un tampon effaceur et je dis, trois fois de suite : « Je supprime, j'annule, j'efface. » Merci, merci, merci.

AOÛT : SABLE

Moi, [votre prénom], je me mets en relation avec ma créativité joyeuse. Je m'accorde des temps de pause, et je me réalise avec succès. Je porte attention à mon éveil, en choisissant de la nourriture saine, des fréquentations qualitatives et de la pensée positive. Je suis aligné à ma petite flamme intérieure. Merci, merci, merci.

SEPTEMBRE : BLANC

Moi, [votre prénom], je me mets en relation avec mes non-dits. J'accepte de les verbaliser et d'ouvrir un nouveau livre de mon histoire. Je choisis d'assumer ma singularité, en libérant mes compulsions alimentaires et de consommation. Je m'occupe ainsi de la bonne santé de mes centres énergétiques, garants de mon équilibre physiologique. Avec grâce et facilité. Merci, merci, merci.

OCTOBRE : POURPRE

Moi, [votre prénom], je me réalise dans une activité indépendante. Je fais bouger les lignes. Les choses viennent à moi avec intuition. Je prends conscience de devoir libérer du karma bloqué. Je visualise un tampon effaceur, et je prononce, trois fois de suite : « Je supprime, j'annule, j'efface. » Merci, merci, merci.

NOVEMBRE : JAUNE

Moi, [votre prénom], je m'occupe de mon image personnelle, professionnelle, et de mes finances. Le vœu s'exauce. Je pardonne le passé et la famille. Je pose des rituels de vie qui correspondent à mes valeurs. J'agis sur mes relations, en visualisant un cordon entre moi et une personne ou une situation, et j'envoie un arc-en-ciel, avec grâce et facilité. Merci, merci, merci.

DÉCEMBRE : MARRON

Moi, [votre prénom], j'expulse mon trop-plein émotionnel, et j'active ma mutation totale. Des pardons en lien avec le passé et la famille sont à conscientiser. De nouveaux rituels et des contrats sont fixés, afin d'apporter de l'éthique dans une situation. Cela m'équilibre et adoucit ma robe de lumière. Avec grâce et facilité. Merci, merci, merci.

*

BALADE ASTRALE 2024

PAR MURIEL SIRON

Ambiance générale : l'ère du Verseau est en marche !

Et avec elle, la naissance d'un « nouvel humain ». Plus connecté, relié aux puissances célestes de ce monde, il incarnera pleinement son corps, et le respectera. **Voici une année où il nous faudra apprendre à mieux respirer, pour agir avec discernement.** En devenant plus responsables de nos actes ! La vie nous obligera à prendre de la hauteur sur les événements. Et cela nous touchera, autant sur le plan collectif que sur le plan individuel. **« L'homme nouveau aura la tête dans les étoiles, et les pieds bien enracinés sur la planète Terre. »**

En 2024, la recherche de spiritualité deviendra de plus en plus contagieuse, et l'obligation de redonner du sens à notre vie s'imposera. C'est une année intéressante. Entreprendre et aller de l'avant sera obligatoire à notre évolution. Certains traverseront de grandes remises en question ; d'autres connaîtront de grands moments d'épanouissement – autant sur le plan affectif que sur le plan professionnel. Ils récolteront les fruits de leurs efforts passés et d'un travail personnel intérieur entrepris depuis déjà plusieurs années. Ils trouveront l'équilibre dans une vie à la fois matérielle, bien ancrée sur la planète Terre, tout en continuant à évoluer, grandir et s'enrichir intérieurement, sur un plan plus spirituel.

En résumé : entre création et innovation, il nous faudra surfer sur la vague du changement. Attention : un vent d'inconstance pourrait souffler sur la bande zodiacale. L'idéal sera de trouver l'équilibre entre notre vie spirituelle et le domaine matériel ! **La « positive attitude » sera obligatoire, afin de redonner du sens à notre vie.**

2024, année constructive et positive sur le plan mondial, sera influencée par trois bons aspects :

1. **Uranus (en Taureau), en sextile avec Neptune (en Poissons) ;**
2. **Jupiter (en Taureau) jusqu'à la mi-mai, en trigone avec Pluton (en Capricorne) ;**
3. **Jupiter (en Taureau), en sextile avec Saturne (en Poissons).**

L'aspect planétaire exercera une influence bénéfique sur un accroissement des richesses, et une meilleure répartition de celles-ci. **On peut s'attendre à une évolution importante sur le plan technologique.** Cela favorisera le tout-électrique dans le domaine des transports, de l'automobile et des engins nouveaux en lien avec la mer et l'espace, des créations techniques multiples ; on peut espérer aussi une évolution dans le domaine de la médecine. Certaines découvertes inattendues dans l'espace sont aussi possibles.

Avec **Jupiter qui traverse le Taureau**, l'aspect planétaire mettra l'accent sur l'acquisition de biens matériels, sur la recherche de confort et de plaisirs, et de la connaissance. Il sera favorable pour l'enseignement et l'éducation. Mais attention : dans les premiers mois de 2024, **Pluton** s'installe en **Verseau** ; cela pourrait inciter aux excès. Beaucoup pourraient avoir envie d'investir sur un coup de tête ! Avec des risques de viser trop haut et au-dessus de leurs moyens.
En résumé : nous rechercherons un retour aux sources, à la nature, à l'authenticité, aux plaisirs simples et à la douceur de vivre. Cela deviendra une priorité. Un besoin de paix soufflera sur la planète. La mode sera, encore et toujours, au bien-être, pour se rapprocher un peu plus du bonheur.

« Être bien dans sa tête, mieux dans son corps ! » deviendra autant une obligation qu'une évidence, pour le plus grand nombre. De plus en plus de personnes chercheront à vivre paisiblement, dans un contexte confortable, en profitant au mieux de ce que la vie peut leur offrir. Apprécier ce que l'on a pu acquérir deviendra un art de vivre. Les sentiments prendront beaucoup de place. Le besoin de stabilité aussi ! **Depuis 2018 et jusqu'en 2025, nous sommes dans une reconstruction progressive d'un monde fondé sur de nouvelles bases.**

CE QUE DISENT LES PLANÈTES

En 2024, on assistera à des dérèglements climatiques. Les éléments risquent de continuer à se déchaîner, de plus en plus fort, de plus en plus souvent, et de façon de plus en plus rapide et fulgurante. **La terre, l'air, l'eau et le feu** imposeront leur loi et dicteront notre conduite, obligeant nos dirigeants à remettre en question leurs politiques. L'intérêt pour un monde plus écologique sera évident.

À l'aube de **l'ère (air) du Verseau**, l'homme se réveille ! Il est souhaitable qu'il ne se laisse pas dépasser, dans sa quête de pouvoir et de folie, par la modernité, jusqu'à en oublier son humanité. Ce qui aurait pour conséquence de voir l'évolution technologique nous dépasser, jusqu'à assister, impuissants, à un monde où l'intelligence artificielle prendrait le dessus sur l'humain.

DU CÔTÉ DU ZODIAQUE

BÉLIER

Le **Soleil** éclairera votre signe **du 21 mars au 19 avril**. Et **Mercure** vous donnera le goût de la communication, **entre le 11 mars et le 15 mai**. Avec un petit bémol **entre le 2 et le 25 avril**, **Mercure** sera alors rétrograde : attention à des risques de retards, de quiproquos, de malentendus – ne signez aucun contrat à ce moment-là. **Vénus** traversera votre signe **du 5 au 29 avril** : vous serez alors en beauté, et particulièrement populaire. **Mars**, votre planète, traversera votre signe **du 1er mai au 9 juin** : votre libido se réveillera, relever certains défis vous amusera.

LIBRE ET REBELLE

Vous, le guerrier de la bande, signe cardinal, chaque année, vous ouvrez le **bal du printemps** avec fougue et passion. Votre élément est le **feu**, voilà pourquoi vous incarnez tellement la passion. Vous avez la réputation d'être toujours partant pour tout ; normal, vous êtes né en début de saison !

Ce que les planètes vous disent pour 2024

Vous ressentirez le besoin de préserver vos acquis. Cette année, vous avez toutes les chances de trouver votre lieu de vie parfait. À partir de la **mi-mai**, lâchez-vous ! Multipliez sorties et nouveaux contacts. Le regard franc, vous susciterez la sympathie partout où vous passerez. Votre ouverture d'esprit vous ouvrira de jolies portes. Entre courage et détermination, vous resterez le plus enthousiaste de la bande. Osez entreprendre ! Pour le 3e décan : avec **Pluton en Capricorne**, ne bousculez pas tout sur un coup de tête. Surtout en début d'année, jusqu'au 21 janvier, puis de septembre à novembre.

En résumé : tout ira bien, si vous calmez votre impatience. Optez pour la tolérance, car votre exigence risque de vous jouer des tours. À partir **du 26 mai**, la chance sera présente à vos côtés, et **jusqu'à la fin de l'année**, **Jupiter** vous enverra ses plus belles ondes dans le secteur de votre entourage proche. Voilà de quoi retrouver votre enthousiasme chronique. Votre bonne humeur deviendra contagieuse !

TAUREAU

Le **Soleil** éclairera votre signe **du 20 avril au 20 mai**. Et **Mercure** le traversera **du 16 mai au 3 juin** : la communication sera alors beaucoup plus facile, vous serez plus curieux et plus ouvert aux autres. **Vénus**, votre planète, squattera votre signe **du 30 avril au 23 mai** : votre don de séduction sera alors à son comble. **Mars** éclairera votre signe **du 10 juin au 20 juillet** : il réveillera ainsi votre envie d'aller de l'avant.

CHANCEUX ET IMPRÉVISIBLE

Vous, le signe le plus amoureux du zodiaque, éclairé par **Vénus**, vous adorez prendre vos marques, au milieu du **printemps**.

On dit que vous êtes un signe « fixe » : la **terre** est votre élément. Voilà pourquoi les balades en pleine nature sont indispensables à votre équilibre physique et psychique. La gourmandise reste votre plus joli défaut ; et la sensualité, une deuxième nature.

Ce que les planètes vous disent pour 2024

La chance sera toujours à vos côtés, grâce à **Jupiter** ! Vous pourrez en profiter **jusqu'au 25 mai**, pour le bonheur de vos chakras. **En début d'année**, d'autres influences planétaires pourraient bien vous faire perdre votre sang-froid. Restez sur vos gardes **jusqu'au 20 février**. **Uranus**, toujours chez vous, réveillera vos pulsions, avec des envies de tout envoyer valser. Maîtrisez-vous, reprenez votre respiration, et revoyez vos priorités. Le **printemps**, votre saison, vous redonnera de jolies couleurs. Innover vous portera chance ; osez prendre de nouvelles directions : vos projets connaîtront une ascension, à la hauteur de vos rêves.
En résumé : trouvez le juste équilibre entre fantasme et réalité. Tout sera question de nuance, et vous concrétiserez vos rêves les plus chers, en restant ancré. Votre enthousiasme vous ouvrira de nouvelles portes, et votre optimisme deviendra contagieux. Faites le plein de bonnes ondes, optimisez l'équilibre entre le corps et l'esprit, et activez votre énergie vitale, celle du « chi » ! Tout sera question de mental : misez sur le long terme.

GÉMEAUX

Mercure, votre planète, traversera votre signe **du 4 au 17 juin** : des envies de sortir, de multiplier les nouvelles rencontres et connaissances pourraient vous rajeunir. **Vénus** illuminera votre signe **du 24 mai au 17 juin**, et votre don de séduction fera encore des victimes. **Mars** traversera votre signe **du 21 juillet au 4 septembre** : vous serez encore plus actif et impatient.

IMPATIENT ET SÉDUISANT

Vous êtes un vrai papillon ! Normal, votre couleur est celle de **la fin du printemps**, voilà pourquoi on dit de vous que vous êtes un signe « mutable ». Léger et court vêtu, votre élément est **l'air**, et vous aimez flirter au fil de vos rencontres, cheveux au vent, libre et indépendant.

Ce que les planètes vous disent pour 2024

Vous battrez tous les records de séduction ! **Jupiter** prendra ses quartiers chez vous, **dès le 26 mai, et jusqu'à la fin de l'année**, pour votre plus grand bonheur. Vous resterez aimable, sociable, agréable ; attirant à vous les bonnes personnes, pour faire les meilleurs choix. Votre don de séduction et votre capacité à vous adapter vous mèneront vers de nouveaux chemins, mieux définis. Positionnez-vous en définissant vos objectifs et en restant concentré. Misez sur le long terme, pour changer de direction, et vous terminerez l'année gagnant et comblé.
En résumé : la sagesse vous réussira. Vous, « l'adolescent » de la bande, vous saurez vous montrer à la fois positif et prudent. Pensez à vous aérer l'esprit régulièrement. Les distractions seront nécessaires, et décompresser vous permettra d'être encore plus performant et efficace, en relâchant la pression. Suivez vos désirs, faites-vous plus souvent plaisir, afin d'être disponible pour votre entourage.

CANCER

Le **Soleil** éclairera votre signe **du 21 juin au 22 juillet**. Et **Mercure** le traversera du **18 juin au 2 juillet** : des envies de sortir de chez vous pour mieux communiquer vont vous envahir, laissez-vous faire ! **Vénus** traversera votre signe **du 18 juin au 11 juillet** :

vous serez en beauté, et vous aurez l'âme romantique. **Mars** traversera votre ciel **du 5 septembre au 5 novembre** : vous serez plus actif et réactif.

INTUITIF ET ÉMOTIF

Vous, « l'enfant » du zodiaque, réceptif à tout, resterez l'un des plus émotifs. Votre élément est **l'eau**. Signe cardinal, vous ouvrez le bal de **l'été**, votre saison préférée. Gouverné par la **Lune**, vous êtes capable de faire les « quatre saisons » en une seule journée, et l'on pourrait dire de vous que vous êtes « lunatique ».

Ce que les planètes vous disent pour 2024

L'intuition guidera encore tous vos pas. Profitez du soutien de **Jupiter**, durant **les cinq premiers mois** : la chance restera active à vos côtés. Vous pourrez compter sur le soutien de vos amis pour concrétiser vos plans. Bousculer certains projets deviendra obligatoire, surtout pour les deux derniers décans. **Uranus** dans le secteur des projets vous y aidera. Et l'innovation vous excitera ! ***En résumé :*** soignez votre « sensibilité chronique », et entretenez la confiance en vous. Lâchez votre naïveté, et prenez un peu de distance face à votre entourage ; vous éviterez les déceptions. Le discernement vous sera d'un grand secours, d'autant qu'**Uranus**, en sextile avec votre signe, vous donnera des envies de changement, surtout pour les deux derniers décans. Votre idéalisme sera touchant, même s'il n'est pas toujours confortable à vivre pour vous !

LION

Le **Soleil** éclairera votre signe **du 23 juillet au 22 août**. Et **Mercure** le traversera du **3 au 25 juillet**. Il sera rétrograde chez vous **du 16 au 28 août**, et redeviendra direct **du 29 août au 9 septembre**. **Vénus** embellira votre ciel **du 12 juillet au 5 août**: en amour, vous serez au top de votre beauté. Profitez-en ! **Mars** traversera votre ciel **du 5 novembre au 31 décembre** et boostera votre énergie, mais sera rétrograde **du 7 jusqu'au 31 décembre**: attention aux retards ou aux problèmes de communication.

IMPULSIF ET FLAMBOYANT

Votre élégance est votre marque de fabrique. Aussi flamboyant que le **Soleil**, votre planète, vous n'hésitez pas à rivaliser avec lui. Signe « fixe », le **feu** est votre élément ; coincé entre deux signes, vous avez vu le jour au milieu de votre saison préférée: **l'été**. Vous incarnez le roi (ou la reine) du zodiaque: face à vous, tout le monde s'incline.

Ce que les planètes vous disent pour 2024

Vous ne manquerez jamais de panache ! Attention: **durant les cinq premiers mois de l'année**, **Uranus**, en tension avec vous, risque d'amplifier votre impulsivité dans le domaine de votre carrière. Inutile de vous imposer à tout prix. Il vous faudra revoir vos exigences. Votre énergie sera au top **à partir du 26 mai et jusqu'à la fin de l'année**. **Jupiter**, la chance, vous enverra ses plus belles ondes: vos amis vous aideront à réaliser vos plans, et vous surferez sur la vague de l'évolution. Vos contacts resteront fructueux, et vos initiatives seront appréciées.

En résumé: ouvrez-vous aux autres. Vos proches occuperont une place importante, la chance s'installera à votre table **dès la fin mai**, et vos projets auront toutes les chances de se concrétiser. Distribuez vos bonnes ondes, et écoutez les conseils avec patience et tolérance ; cela vous permettra d'atteindre vos objectifs avec élégance. N'oubliez jamais de vous détendre ; les loisirs devront être au centre de vos priorités, cette année. D'autant que **Jupiter**, en signe ami, vous donnera le goût du plaisir.

VIERGE

Le **Soleil** éclairera votre signe **du 23 août au 22 septembre**. Et **Mercure** le traversera du **26 juillet au 15 août**. Il sera rétrograde en **Lion du 6 au 15 août**, puis de nouveau chez vous **du 10 au 26 septembre**. **Vénus** embellira votre ciel **du 6 au 29 août** : vous serez alors en beauté, et votre charme opérera comme par magie. **Mars** ne traversera pas votre signe en 2024.

RÉFLÉCHI ET ADAPTABLE

Vous, « la fourmi » du zodiaque, serez-vous sage comme une image, ou folle comme une cigale ? Reine (ou roi) de l'analyse, vous adorez toujours couper les cheveux « en 15 », pour mieux comprendre la vie et ses aléas. **Mercure**, votre planète, vous donne ce goût de la réflexion. Votre élément, **la terre**, vous oblige à rechercher toujours la sécurité. Signe « mutable », vous savez vous adapter facilement. Normal, vous avez vu le jour **en fin de saison, l'été** ; voilà pourquoi vous êtes déjà prêt à sauter « à pieds joints » dans la prochaine : **l'automne**.

Ce que les planètes vous disent pour 2024

Réjouissez-vous, **Jupiter**, en signe ami, continuera à vous protéger **jusqu'à la fin mai** : redonnant du sens à votre vie, vous oserez bousculer vos habitudes. **Uranus (en trigone avec votre signe)**, vous aidera à tout changer. Profitez **des cinq premiers mois de l'année** pour prendre des décisions et transformer votre vie. Tout ira très vite. Osez voir la vie « en couleur ». Puis,

à partir de la fin mai, montrez-vous plus prudent, **jusqu'à la fin de l'année**. Si les changements restent positifs, la stabilité vous sécurisera.

En résumé : lâchez vos pensées toxiques, et embrassez la « positive attitude ». Faites-en votre rituel préféré. Tout sera une question de confiance en vous, en l'autre, en la vie, et en votre bonne étoile – **surtout durant les cinq premiers mois de l'année**, où la chance vous poursuivra. Partir à l'aventure, quitter vos habitudes et flirter avec l'imprévu redonnerait du sens à votre vie. Fuyez aussi les « mauvaises ondes », et les personnes trop négatives.

BALANCE

Le **Soleil** éclairera votre signe **du 23 septembre au 22 octobre**. Et **Mercure** le traversera du **27 septembre au 13 octobre** : vous trouverez les mots pour séduire, et votre don pour la communication s'amplifiera de jour en jour. **Vénus**, votre planète, traversera votre ciel **du 30 août au 23 septembre**. **Mars** ne traversera pas votre ciel en 2024.

ÉLÉGANT ET CHARMEUR

Vous, le plus élégant de la bande zodiacale, gouverné par **Vénus**, vous êtes sensible au charme et à la délicatesse de vos interlocuteurs. Signe cardinal, vous ouvrez toujours le bal de **l'automne**, avec grâce et légèreté. Normal, **l'air** est votre élément.

Ce que les planètes vous disent pour 2024

Une année pleine de promesses, à l'horizon d'un **printemps** à la hauteur de vos rêves. **Jupiter**, la chance, en signe ami **à partir du 26 mai**, vous enverra ses plus belles ondes, mais aussi sa

protection : vous philosopherez sur l'art de vivre au quotidien. Vous serez inspiré, bien décidé à redonner du sens à tous vos projets. Voilà de quoi vous réjouir ! Profitez **des cinq premiers mois de l'année** pour vous préparer à concrétiser tous vos plans. La confiance en vous amplifiera votre enthousiasme, et l'harmonie restera votre priorité. La chance vous accompagnera **à partir de la fin mai**, et vos initiatives seront payantes.
En résumé : préparez-vous à prendre votre place, et à briller telle une étoile sur le devant de la scène. Vous pourrez enfin afficher vos multiples talents, et vous serez à la hauteur de vos ambitions. À prendre la vie du bon côté, vous resterez sensible à la douceur de vivre, et votre qualité de vie l'emportera sur la rentabilité. Vous saurez lier l'utile à l'agréable, en multipliant les pauses « récré ». Vous rechercherez l'unité avec votre entourage, plutôt que la dualité. Si les voyages vous appellent, laissez-vous embarquer ! L'aventure aussi vous ira bien.

SCORPION

Le **Soleil** éclairera votre signe **du 23 octobre au 21 novembre**. Et **Mercure** traversera votre signe **du 14 octobre au 2 novembre** : vous aurez le goût de la communication, ouvrez-vous ! **Vénus** squattera votre signe **du 24 septembre au 17 octobre**. **Mars**, votre planète, ne traversera pas votre ciel en 2024.

FORT ET SENSIBLE

Pluton, votre planète, vous oblige à vous remettre trop souvent en question. Signe « fixe », vous êtes bien installé au milieu de votre saison : **l'automne**. Votre élément, **l'eau**, fait de vous un être hypersensible, pas toujours compris par le plus grand nombre. Votre réputation de « sauvage » n'est plus à faire !

Ce que les planètes vous disent pour 2024

Il se pourrait que vous soyez plus accessible, mais aussi plus aimable. **Jupiter**, **jusqu'à la fin mai**, et **Uranus**, **toute l'année**, seront toujours opposés à votre signe. Ils influenceront le **secteur de vos collaborations**, mais aussi de **votre couple**. Tout se passera mieux si vous désamorcez les conflits conjugaux ou professionnels. **1er décan** : méfiez-vous de **Pluton, en tension avec votre signe**. Finalement, **Saturne**, en harmonie avec vous, vous obligera à respecter les règles, surtout pour **les deux premiers décans**.

En résumé : n'oubliez pas de vous aérer l'esprit régulièrement, afin de prendre de la distance sur les événements. Amusez-vous plus souvent ! Lâchez vos préoccupations ou responsabilités, et partez à l'aventure pour mieux décompresser. Pour vous, le plus « contrôlant » de la bande zodiacale, il est temps d'apprendre à lâcher prise. Pensez aussi à partir plus souvent en voyage, pour mieux vous ressourcer. Tout changement sera prometteur d'un mieux-être. Il est temps de concrétiser tout ce que vous rêvez de faire !

SAGITTAIRE

Le **Soleil** éclairera votre signe **du 22 novembre au 21 décembre**. Et **Mercure** le traversera du **3 novembre à fin décembre, et jusqu'au 8 janvier 2025**. Il sera rétrograde **du 27 novembre au 15 décembre**. **Vénus** squattera votre signe **du 18 octobre au 11 novembre** : le cœur plus ouvert, vous serez plus amoureux ! **Mars** fera un passage éclair **début 2024, du 1er au 4 janvier** ; alors profitez-en.

JOYEUX ET CONVIVIAL

Vous, le plus optimiste de la bande, n'avez aucun mérite, car, gouverné par **Jupiter**, le magnifique, vous incarnez la chaleur humaine. Votre élément, **le feu**, représente les braises de la cheminée, celles que l'on ne voit pas forcément de loin, mais que l'on sent, et qui réchauffent autant l'âme que le cœur, lorsqu'on s'en approche. Signe « mutable », vous êtes né **en fin de saison**, déjà prêt à accueillir **l'hiver** avec enthousiasme.

Ce que les planètes vous disent pour 2024

Jupiter, dans le secteur de votre travail et de votre quotidien durant les cinq premiers mois de l'année, vous réjouit. **Dès le 26 mai**, vous ressentirez sa protection dans le secteur de vos collaborations ; ce qui vous permettra de renouer avec de nouveaux partenaires. Pour le 1er décan, **Pluton**, dans le secteur de votre entourage, vous aidera à transformer positivement vos relations. Privilégiez votre vie sociale, et vous retrouverez le sourire.

En résumé : suivez votre intuition, et laissez-vous guider. Positionnez-vous clairement, et suivez vos objectifs. Soignez vos doutes et vos incertitudes en tous genres. Seule la confiance en vous et en la vie vous y aidera. Concentrez-vous sur l'essentiel, mais restez toujours ouvert aux autres. Les échanges et les sorties vous combleront. La convivialité étant l'une de vos plus belles qualités, n'hésitez plus, restez fidèle à vous-même.

CAPRICORNE

Le **Soleil** éclairera votre signe **du 22 décembre au 19 janvier**. Et **Mercure** le traversera **du 15 janvier au 5 février** : voilà le moment idéal pour exprimer ce que vous avez sur le cœur.

Vénus embellira votre ciel **du 23 janvier au 16 février** : votre charme deviendra redoutable. **Mars** traversera votre signe **du 5 janvier au 13 février** : passez à la vitesse supérieure !

FIABLE ET AMBITIEUX

Saturne est votre planète. Elle symbolise le sérieux, mais aussi la sagesse ancestrale. Chronos, le maître du temps, vous oblige souvent à vouloir tout contrôler. **La terre** étant votre élément, vous préférez rester ancré que partir à l'aventure et vous laisser aller vers l'inconnu. La maîtrise est l'une de vos priorités.

Ce que les planètes vous disent pour 2024

Vous pourriez bien vous découvrir sous un tout autre jour. Vous risquez de tout envoyer valser : les habitudes d'hier et les obligations en tous genres. Vous ferez de nouveaux choix, vos décisions seront surprenantes. Embrasser le changement vous motivera. Ambitieux et audacieux, vous mettrez tout en œuvre pour bousculer le destin. **L'été** s'annonce joyeux. La rentrée vous trouvera en grande forme, et novembre vous poussera à relever les défis avec envie. Vous finirez l'année en beauté. Le changement est en marche…

En résumé : avec **Jupiter**, la chance continuera à vous faire les yeux doux. Profitez-en pour évoluer et passer à la vitesse supérieure. On vous recherchera, votre compagnie sera agréable ; sortez de votre réserve et montrez-vous sous un jour nouveau ! Lâchez votre pudeur chronique, et exprimez-vous sans filtre. Cette année, l'innovation vous rajeunira. Osez le changement ! Vous garderez un œil sur le long terme, vos projets seront toujours réfléchis, et vous ne vous engagerez jamais à la légère, mêlant prudence et imprévu.

VERSEAU

Le **Soleil** éclairera votre signe **du 21 janvier au 19 février**. Et **Mercure** le traversera **du 6 au 23 février** : vous collectionnerez de folles idées. Exprimez-les ! **Vénus** squattera votre ciel **du 17 février au 11 mars** : l'amour vous embellira. **Mars** traversera votre signe **du 14 février au 22 mars** : l'action vous ira bien.

LIBRE ET IMPRÉVISIBLE

Avant-gardiste, indépendant et rebelle, vous adorez l'imprévu. **L'air**, votre élément, est à l'image de votre regard sur la vie : libre et surprenant. Vous aimez prendre de la hauteur, attention pourtant de ne pas vouloir approcher le **Soleil** de trop près, et à vouloir imiter Icare à tout prix, vous pourriez y perdre vos ailes. Signe « fixe », vous êtes coincé au beau milieu de **l'hiver**. Vos planètes : **Uranus** fait de vous le plus imprévisible de la bande, et **Saturne** cache en vous cette sagesse ancestrale.

Ce que les planètes vous disent pour 2024

Vous marcherez encore prudemment **jusqu'au 26 mai**. Puis, **de la fin mai jusqu'à la fin de l'année, Jupiter**, en signe ami, **en trigone avec votre signe, dans le secteur de l'amour, la créativité et les enfants**, vous enverra de meilleures ondes. La chance sera de retour ! Mais, attention, **Uranus** restera en tension avec vous, il continuera à vous embrouiller, surtout sur le plan familial. Pour les **deux derniers décans**, soignez votre impulsivité, elle serait malvenue.

En résumé : une année intéressante, surtout **à partir du 26 mai**. Profitez honteusement de la présence de **Jupiter**, la chance, dans les secteurs de l'amour, de la créativité et des enfants. Tout sera alors possible. Mais ne succombez jamais à la colère ; pour cela, contrôlez vos pulsions. Elles seraient aussi destructrices qu'inattendues, surtout sur le plan familial. La méditation vous aidera à prendre de la hauteur sur les événements, car la sagesse sera essentielle à votre bien-être, et à celui de vos proches.

POISSONS

Le **Soleil** éclairera votre signe **du 20 février au 10 mars**. Et **Mercure** le traversera **du 24 février au 10 mars** : oubliez la télépathie, et reprenez l'ancienne méthode... Exprimez-vous avec des mots. **Vénus** embellira votre signe **du 12 mars au 5 avril** : votre âme romantique se réveillera ! **Mars** squattera votre ciel **du 23 mars au 30 avril** : l'envie de bousculer la vie vous excitera.

RÉCEPTIF ET FUSIONNEL

Souvent nostalgique, toujours réceptif aux ondes, à l'invisible, et à votre environnement, vous êtes en fusion avec les éléments. Le vôtre est **l'eau**. **Neptune et Jupiter** gouvernent votre signe. Vous êtes de ceux que l'on qualifie de « mutables ». En clair, vous avez vu le jour **en fin de saison**, et vous avez ce don de vous adapter, plus facilement que les autres, autant aux situations qu'aux ambiances.

Ce que les planètes vous disent pour 2024

Profitez des **cinq premiers mois de l'année** et de la protection de **Jupiter** pour poser des jalons et concrétiser vos meilleurs plans. Votre entourage vous suivra. L'innovation aussi vous motivera, surtout **pour les deux derniers décans**. Restez prudent sur le plan familial, des risques de crise sont possibles.

En résumé : facilement anxieux, il vous faudra apprendre à lâcher prise face à vos obsessions. La respiration « vibrale » par le cœur deviendra votre « *rescue* » à vous – votre « trousse de secours » en cas de stress. Votre don de vous dédoubler un peu trop souvent pourrait perturber votre capacité à vous concentrer. Aussi, « l'ancrage » à la **terre** sera nécessaire pour aborder vos obligations, rester dans le temps présent, et concrétiser vos plans. Même si voyager par l'esprit vous passionne, obligez-vous à être là, ici et maintenant, plus souvent. N'oubliez pas que la chance vous poursuivra **jusqu'au 26 mai** – voilà de quoi vous enchanter !

*

PRÉDICTIONS NUMÉROLOGIQUES 2024

PAR ALEXANDRA GABRIEL

LE 8 AU SERVICE DE LA PUISSANCE DE 2024 !

Cette nouvelle année va vibrer sur les énergies du 8, qui n'a pas pour habitude de se faire discret, imposant sa dimension tant sur le plan terrestre que céleste. Il représente à lui seul l'alternance constante des polarités.

On va devoir se rendre à l'évidence qu'avec cette puissance numérologique nos concepts préétablis et tout ce que l'on tenait pour acquis devront être revisités et mis au goût du jour. La révolution intérieure commencée depuis déjà quelques années n'est pas près de s'arrêter, et les premières moissons ne vont pas tarder à poindre à l'horizon dans le courant de cette année 2024.

L'année va bousculer nos questionnements fondamentaux en lien avec notre matérialité, mais aussi notre spiritualité !

Les questions métaphysiques sur le cycle éternel de la vie et de la mort vont ressurgir dans nos consciences individuelles, mais aussi dans le collectif. En effet, les questions autour du karma, de l'héritage de nos ancêtres, de la gloire du pouvoir, de l'argent et de la justice sont le temple du 8, et vont ressurgir pour nous inviter à reconsidérer certains aspects que tous ces concepts nous imposent.

Composée avec le 2 (deux fois), le 0 et le 4, 2024 va nous demander de nous pencher sur nos parts d'ombre, pour redonner une ligne conductrice, un fil d'Ariane face à notre éthique morale, civile, et à notre conception de la spiritualité.

Le 2 va nous demander de composer avec notre dualité profonde. Cette dualité inhérente à la condition humaine ne doit tout de même pas trouver un refuge ni de mauvaises excuses pour faire des choix hasardeux.

Le 4 aura pour vocation de nous remettre sur les rails, mais nous garderons notre libre arbitre, et il nous appartiendra de rester sur le chemin ou de décider de dérailler de notre plein gré.

Le 8 étant le nombre qui annonce le karma, il est de notre devoir collectif d'éviter de répéter les erreurs d'antan, afin que les générations descendantes ne paient pas les pots cassés de ce que nous leur aurons laissé sur l'autel de la frustration.

Notre rapport à la matérialité va également être revisité sous un nouveau jour, car, avec le 8, s'il est bel et bien question d'argent, il est également question d'éthique et de morale par rapport aux ressources que l'on utilise. Le 8 nous redonne plein pouvoir pour réviser notre système de valeurs, et faire du libre arbitre inhérent à la condition humaine un outil à faire valoir avec équilibre et nuance. Le système monétaire international, la légalisation ou les scandales autour de nouvelles monnaies ou autres moyens de paiement ainsi que des krachs boursiers pourraient également faire parler d'eux. L'âme du monde devra alors se poser cette question : à quelle sauce sommes-nous corrompus, et avons-nous envie de continuer à cautionner tout cela ?

Les questions géopolitiques sont également sous l'apanage du 8. Le visage gouvernemental à l'international sera susceptible de faire tomber de nouveaux masques et de se refaire une beauté. Il ne serait pas surprenant que des réconciliations aient lieu, et les organisations établies telles que l'OTAN ou l'UNESCO seront porteuses de nouveaux messages symboliques, et devront révolutionner le sens de leurs engagements. Les désunions d'hier pourraient aussi donner lieu à de nouvelles réunifications. On ne sera pas surpris de voir la Grande-Bretagne être encline à se rapprocher de nouveau de l'Europe, par exemple.

Avec le 8, il est également question de la justice des hommes et des lois. Des projets de loi qui posent des questions essentielles et existentielles pourraient bien trouver une issue. Mais aussi des remises en question capitales sur l'industrie des armes de guerre, qui instrumente la violence et déchaîne les foules, pourraient de nouveau soulever des mouvements de foule.

Le 8 vient aussi nous parler de la dynamique karmique des vies passées et de l'expérience des anciens. Si l'humanité ressent que certaines histoires se répètent, c'est que plus jamais elle n'a le pouvoir de changer le cours du destin et d'agir différemment. Tout ce qui sera acté en 2024 pourra avoir une vibration retentissante dans l'histoire de l'humanité, parce que le libre arbitre de chacun sera le curseur qui viendra, ou non, rehausser les valeurs et donner un nouveau sens aux choix de chacun.

Janvier prendra l'apparence d'un mois qui remettra en question le mouvement sur la scène internationale, avec des événements internationaux susceptibles de venir bouleverser le monde.

Février sera le mois des surprises, qu'elles soient bonnes ou mauvaises, où l'insouciance de certains pourra entraîner des conséquences sur chacun.

Mars touchera le cœur pour les uns et les autres, en nous amenant à nous reconnecter à notre sensibilité, à nos valeurs morales et à nos envies de partage et de soutien, pour venir en aide à ceux qui pourraient se sentir anéantis.
Avril viendra nous parler des finances du monde, des progrès de la science, des révolutions médicales que nous n'attendions plus.
Mai verra apparaître une issue favorable à certains conflits internationaux qui durent depuis trop longtemps maintenant.
Juin verra davantage les réseaux sociaux et les nouveaux moyens de communication révolutionnaires faire parler d'eux.
Durant l'été, les recherches expérimentales et les associations entre plusieurs médecins du monde entier, pour venir résoudre des problématiques de santé publique, feront l'actualité, avec des greffes et l'apparition de nouvelles technologies de pointe et robotisées pour apporter des solutions retentissantes autour des problématiques médullaires, grâce à ces nouvelles inventions et découvertes.
Les mois de rentrée tenteront de trouver un terrain d'entente pour éviter qu'un nouveau conflit à l'international n'éclate. L'effondrement des ressources, ainsi que des scandales politiques et financiers heurteront les plus grands décisionnaires de ce monde et pourraient avoir des répercussions géopolitiques.

QUEL SERA LE NOMBRE DE VOTRE ANNÉE PERSONNELLE POUR 2024 ?

Pour connaître le nombre de votre année personnelle pour l'année 2024, il vous suffit d'additionner votre jour et mois de naissance à l'année universelle.
Exemple : si vous êtes né un 12 avril, posez l'addition suivante : 1 + 2 + 4 + 2 + 0 + 2 + 4 = 15, que l'on réduira de façon théosophique, donc à un nombre, soit 1 + 5 = 6. Vous serez donc en année personnelle 6, pour 2024.

MOTS-CLÉS DE L'ANNÉE PERSONNELLE

Chaque nombre est destiné à nous apporter ses meilleures vertus et ses plus belles leçons pour les douze mois à venir. Voici donc quelques pistes de réflexion pour mettre à profit ce nouveau compagnon de route pour votre nouvelle année 2024 :
En année 1 : c'est le moment de s'engager et de prendre de nouvelles résolutions. Un nouveau départ est propice, dans quelque domaine que ce soit.
En année 2 : focus sur la vie affective, émotionnelle, sur l'importance de faire certains choix qui peuvent conduire à une certaine dualité, et à une remise en question sur votre façon d'aimer et de vouloir être aimé. Vous renouez aussi avec l'histoire de vos racines maternelles.
En année 3 : c'est une année qui annonce de belles opportunités, et qui invite à la légèreté. Redynamisez votre vie sociale, investissez-vous dans de nouveaux loisirs, et réapprenez à communiquer.

En année 4 : le travail, la persévérance seront de mise. Si vous êtes confronté à la lenteur ou à certains blocages, ne paniquez pas, car la vie vous préserve de certains écueils. Il est également question de reconnexion aux racines du père.

En année 5 : c'est, plus que jamais, le moment de grandir et de se libérer de tout ce qui peut entraver votre progression. Croissance, changement de région, de travail ou même de partenaire pour vous sentir plus libre seront au centre de vos interrogations !

En année 6 : cette année est celle de la quête d'harmonie, la construction autour de nouveaux projets familiaux et de nouvelles responsabilités. Il peut aussi être question d'immobilier. C'est également le nombre qui nous ramène à l'histoire de nos grands-mères.

En année 7 : il sera question d'introspection, de réflexion, de repos et de quête de sens à travers la spiritualité. On réfléchit d'une autre façon, on comprend pas mal de choses, même si on est perdu au départ. C'est le nombre qui nous relie à nos grands-pères.

En année 8 : c'est l'année de l'engagement, de l'appui et du soutien des ancêtres. On récolte le fruit des efforts engagés, et on ne doit rien lâcher. Il peut aussi être question de justice et d'équilibre à rechercher. C'est aussi une année où l'on comprend les tenants et aboutissants de nos perspectives d'évolution karmique.

En année 9 : c'est l'année du bilan, avant d'entamer un nouveau cycle, l'année suivante, en année personnelle 1. On voit aboutir ce qui doit l'être, et se terminer ce qui nous empêche d'avancer sur notre chemin, ou qui n'est plus nécessaire à notre évolution. On termine quelque chose d'important dans la matière, et aussi sur le plan spirituel, avec quelqu'un ou quelque chose. Il peut également être question de voyage, d'étranger.

*

À PROPOS DES CONTRIBUTEURS

Frédérique Pétorin-Brossais
Médium couleurs et karma thérapeute

Je remercie Claude Alexis de m'offrir l'opportunité de partager mes prédictions couleurs pour 2024, dans son ouvrage réputé et diffusé depuis de nombreuses années. En m'accordant sa confiance, il me montre une fois de plus sa générosité, après m'avoir consacré une émission sur sa chaîne. Je lui suis très reconnaissante, et ma gratitude est rose fuchsia, teintée d'amour inconditionnel!

J'offre des guidances astro karma couleurs sur ma chaîne YouTube et propose des consultations en présentiel à Paris 15ᵉ ou en visio.
Publications : Coffrets *Se connaître par les couleurs*, *L'Oracle du cœur de vie* et le livre *Soigner ses émotions par les couleurs*, aux éditions Le Courrier du Livre.
S'abonner : https://www.youtube.com/channel/UC6gsmdgnckL5D9Lj7NtCzMQ
Site : www.viesdecouleurs.fr

Muriel Siron
Astrologue, numérologue et thérapeute

Contact : siron.muriel@gmail.com
Publications : *Et si tout n'était pas écrit ?* et *Mon Boss, c'est l'Univers*, aux éditions Exergue.
Site Internet : murielsiron.fr
Chaîne YouTube : https://www.youtube.com/muriel-siron
Instagram : @murielsiron
Facebook : Muriel Siron

Alexandra Gabriel
Médium et numérologue

Elle participe régulièrement à des émissions sur la spiritualité et la science des nombres, propose des formations, des interventions en entreprise ainsi que des consultations de numérologie *via* son site Internet. Elle est l'auteure de *Mon chemin d'âme sur terre avec la numérologie* et *Les Mandats d'âmes célestes avec la numérologie*, parus chez le même éditeur.
Instagram : @des_plumes_et_des_nombres
Site Internet : Desplumesetdesnombres.com

REMERCIEMENTS

Je tiens à remercier toutes les personnes qui m'accompagnent dans ma vie, dans mon quotidien. Toutes celles et tous ceux qui concourent à ce beau travail réalisé autant sur la Web TV que sur le magazine que nous avons créé ensemble avec Adil Hadet, et qui nous suivent en ligne sur le web www.claudealexis.tv, ainsi que sur YouTube et sur les box TV, pour ceux qui ont cette option dans leur bouquet.

Merci à Adil Hadet pour sa collaboration et son soutien. Sara, Yassine, Nezha, Souleymane, Jihane. Une pensée particulière pour Mina Mansouri, qui reste présente dans notre cœur.

Merci à Monique Delanoue-Paynol pour sa belle plume et la rédaction du *Mag MCV*, et merci à tous les intervenants et à nos annonceurs.

Merci à Cathy Selena.

Merci à Paula, ma fidèle secrétaire depuis vingt-huit ans.

Merci aux voyants et médiums qui ont collaboré à ce livre.

Merci à tous les amis fidèles sur Facebook, Twitter et TikTok pour leur soutien ; ils se reconnaîtront.

Merci à mon éditeur, Guy Trédaniel, et à son épouse, Claudia, pour leur confiance renouvelée.

Une pensée pour ma famille et pour ceux qui ne sont plus. À ceux qui me restent : je vous aime.

La voyance dans l'exigence et la compassion, c'est connaître et respecter le destin de chacun. Donc un grand merci à toute l'équipe de voyant(e)s qui collaborent avec nous sur les émissions et sur la plateforme.
Merci à cette belle équipe.
Et merci à vous, pour votre fidélité et votre soutien au quotidien.

Pour entrer en contact avec Claude Alexis :
www.claudealexisvoyant.com
www.claudealexis.tv

TABLE DES MATIÈRES

2. MES PRÉDICTIONS ASTROLOGIQUES SIGNE PAR SIGNE

3. MÉDIUMNITÉ KARMIQUE, NUMÉROLOGIE, ASTROLOGIE...

Achevé d'imprimer en septembre 2023
sur les presses de la Nouvelle Imprimerie Laballery
58500 Clamecy
Dépôt légal : septembre 2023
Numéro d'impression : 309047

Imprimé en France

La Nouvelle Imprimerie Laballery est titulaire de la marque Imprim'Vert®